古代歷史文化研究輯刊

十六編

王明蓀 主編

第 **13** 冊

歐陽修的飲茶生活

蔡佩珈 著

國家圖書館出版品預行編目資料

歐陽修的飲茶生活／蔡佩珈 著 — 初版 — 新北市：花木蘭文
化出版社，2015〔民 104〕
目 2+148 面；19×26 公分
（古代歷史文化研究輯刊 十六編；第 13 冊）
ISBN 978-986-404-757-4（精裝）
1. 生活史　2. 茶藝　3. 北宋
618　　　　　　　　　　　　　　　　　105014265

ISBN-978-986-404-757-4

古代歷史文化研究輯刊
十六編　第十三冊　　　　　　　ISBN：978-986-404-757-4

歐陽修的飲茶生活

作　　者　蔡佩珈
主　　編　王明蓀
總 編 輯　杜潔祥
副總編輯　楊嘉樂
編　　輯　許郁翎、王筑　美術編輯　陳逸婷
出　　版　花木蘭文化出版社
社　　長　高小娟
聯絡地址　235 新北市中和區中安街七二號十三樓
　　　　　電話：02-2923-1455／傳眞：02-2923-1452
網　　址　http://www.huamulan.tw 信箱 hml810518@gmail.com
印　　刷　普羅文化出版廣告事業
初　　版　2016 年 9 月
全書字數　117233 字
定　　價　十六編 35 冊（精裝）台幣 68,000 元　　　版權所有・請勿翻印

歐陽修的飲茶生活

蔡佩珈　著

作者簡介

蔡佩珈，東吳大學歷史學系畢業，東吳大學歷史學系研究所碩士，現為文字工作者。著有歷史研究論文《歐陽修的飲茶生活》，相關文章〈論唐宋飲茶文化〉等。

提　　要

　　歐陽修一生飲茶無數，舉凡北宋當時著名的大小龍團、鳳團，以及雙井、揚州等茶，他都曾品飲並著有相關詩文，且因任官位高的關係，其所品飲的茶，大多是當時的精品。

　　宋代所出產的茶型大抵可分為團茶、散茶兩類，其中團茶精品主要出自福建鳳凰山的北苑茶園。該茶園所出產的團茶，於宋代初期有龍、鳳團和小龍團等，但由於產量稀少等原因，使團茶在當時可說是極為貴重。歐陽修因交友廣泛，且深受皇帝賞識，故曾被賜贈了數種團茶精品，然而，因精品團茶極為珍貴的關係，使其「不敢輒試」，品嘗的次數自然也就不多。

　　相較於團茶的盛行，散茶在中國的發展時間雖長，但在喜好茶味重、講求茶之製作工藝細緻繁複的宋代，其反而較不被人所重視。直到品質可與團茶相比的雙井等茶出現，加之價格較團茶便宜，且沖泡方式可選擇方便的淪泡法等因素，散茶才開始為人所青睞。歐陽修因受人贈送及職守等關係，曾接觸過不少散茶，並於詩文中多有提及。而由於受到文人推崇的關係，茶在宋代民間風行的情況熱烈，尤其是有文人寫詩文傳誦的茶品，更是會被世人瘋狂追求，因此，在歐陽修所寫的茶詩、茶文，亦有不少描寫當時世人瘋狂追求名茶、好茶的部分。

　　茶在宋代社會文化上所扮演的角色，包含交友及養生療病等層面。宋代文人之間常以茶及相關的物品，包含茶具、茶詩、茶文等，作為聯繫彼此友誼的贈物。歐陽修因交友廣泛的關係，常與友人互贈茶等物品，其中，又以梅堯臣、蔡襄等人與其交往最為密切，所流傳下來的茶詩、茶文頗多。而除了梅、蔡二人之外，歐陽修亦有與其他文人及道佛者以茶相交，這點可從雙方所流傳下來的詩文及書信中看出。

　　茶除用於交友外，亦可用於養生療病。有關茶的養生療病功效，不少醫療典籍中皆有記載。從歐陽修與友人之間的交往書信中我們可以發現，他的身體健康狀況並不佳，尤其是在晚年，其頗受眼疾與渴淋等病症所困擾，而茶因為成分的關係，可用於治療白內障等眼疾、渴淋（糖尿病）以及嗽喘等病症，故可由此推斷，歐陽修嗜飲茶的原因，與茶對其病症的控制，有很大關係。

目次

第一章　緒　論

第一節　研究動機

　　中國飲茶文化的發展歷史，最早可追溯至先秦時代。唐·陸羽《茶經》

〔註1〕記載：

　　　　茶之為飲，發乎神農氏，聞於魯周公。〔註2〕

此段敘述闡明中國飲茶文化始自上古三皇時期，並於西周周公當政後開始流傳各地之觀點，但此觀點有其不確定之處，而這不確定之處乃是在於神農氏本身。

　　有關中國農業的發展，包含茶、稻、粟、桑蠶以及中藥材的種植使用等方面之起源時間，大多會被追溯至上古時期，代表人物首推三皇傳說中的神農氏。然而，因沒有找到相關文物（含文字記載以及出土器物等）可以證明神農氏確實存在過，所以，關於中國農業發展源自神農氏的論點，至今仍不足以為人所採信。在此情況之下，有關中國飲茶文化起源時間的研判，就只能依靠各朝的文字記載，包含正史、詩文、小說、醫書……等書面資料，以及考古出土的器物形式、出土層之相關資料來進行考析判定。

　　中國飲茶文化的發展，如就茶開始出現於書面記載中的時間來進行判

〔註1〕 〔唐〕陸羽等著，宋一明譯著《茶經譯著（外三種）》，上海，上海古籍出版社，2009年。

〔註2〕 〔唐〕陸羽等著，宋一明譯註，《茶經譯註》（外三種），《茶經》，〈六之飲〉，頁38。

斷，則始於先秦這點是可以確定的。而飲茶文化發展的興盛時期，主要乃在唐宋以後，最明顯的證據莫過於相關茶具之考古發現，以及茶書、茶文、茶詩⋯⋯等，與茶相關的專書文章數量之增加。

飲茶興於漢唐，盛於兩宋，到了元代末期，開始出現了製茶與品飲方式的變化，此一變化發展至明清時期，才正式形成我們現在的飲茶方式。在如此漫長的發展過程中，有不少茶人、茶書、茶詩、茶文，以及茶謠（茶歌）、茶句殘篇等出現於世，其中光是北宋，就有歐陽修、蔡襄、梅堯臣、蘇軾、蘇轍、范仲淹等著名茶人。

所謂茶人，有三種定義：好茶之人、製茶之人、好茶且對茶有一定的認知，並有茶詩、茶文或茶書傳世之人。此三種說法為歷代對茶人的定義，而本論文所採之茶人定義，則為最後一種。

宋朝因施行榷茶法的關係，導致多數人（尤其是百姓）所能取得茶的管道狹隘，相較於此，為官者取得茶的方式較多，除受友人贈予之外，亦有可能於大型節慶舉行或者辭官歸鄉時，受皇帝推恩賜茶。在這當中，歐陽修與貢茶的關係密切，是僅次於蔡襄等曾任茶官者，加之其對宋代飲茶文化的影響，故其所寫的茶詩、茶文雖然不是宋代茶人中最多的，卻頗具研究價值。

在後人所合輯之《歐陽修全集》〔註3〕中，計有與茶相關的詩十七首、記三篇、序一篇、跋一篇、錄二條、書簡十七篇、詔令（含敕書、宣令等）二十二篇、奏章箚子二篇，共計六十五篇首條。〔註4〕另外，近年來的最新發現，由日本天理大學所藏的歐陽修九十六篇書簡中，亦有與茶相關之書信共四篇。〔註5〕這些詩文書信中所提到之與茶相關的內容包括茶名、茶型、茶具，以及茶的採製方式、賜贈、茶政詔令⋯⋯等，除能夠從中了解到宋代茶葉的製作工藝外，亦可得知該時代對茶的品質追求，以及文人以茶相交以茶養生療病的情況，因此本論文以《歐陽修的飲茶生活》為題，藉歐陽修的茶詩、茶文，以及前後朝代所出的茶書、正史等資料，論述宋代茶文化的發展，歐陽修與團、散茶的緣分關係和其以茶會友、以茶養生療病的事蹟。

〔註3〕　〔宋〕歐陽修撰，李逸安點校，《歐陽修全集》，北京，中華書局，2009年。
〔註4〕　詳情請參照附錄六。
〔註5〕　詳情請參照附錄六後半，〈日本天理大學所藏之九十六篇書簡中，含茶部份書信〉一欄。

第二節　前人研究回顧

　　中國飲茶文化發展之課題在海峽兩岸及日本等國，皆有研究文章出現，
之所以會如此；主要原因在於飲茶文化，尤其是唐、宋時期的中國飲茶文化，
對日本等國後來的茶道文化影響深遠，加之宋末元代，開始出現今日飲茶方
式的雛形，而宋人的飲茶風氣，又與當時社會文化，包括思想、交遊、養生
療病等方面有所牽連，因此才會引起多方的注意、研究。

　　在台灣，研究宋代茶文化的專著不多，碩士論文部分有下列四篇：林麗玲
《蘇軾詠茶詩研究》（玄奘大學中文系碩士在職專班碩士論文，2009）、〔註6〕
徐佩霞《陸游茶詩探究》（台北市立教育大學中文系碩士論文，2009）、〔註7〕
黃信榮《蘇軾茶文學研究》（師範大學國文學系在職進修班碩士論文，2007）、
〔註8〕余玥貞《唐宋時期的茶知識與飲茶文化——一個生活史的研究》（台灣大
學歷史研究所碩士論文，2007），〔註9〕其中，前三篇的內容乃是與蘇軾、陸游
兩人的飲茶生活及詩文有關，故在此不多作討論。相較於前三篇，余玥貞《唐
宋時期的茶知識與飲茶文化——一個生活史的研究》一文，將唐宋時期的飲茶
知識、與茶相關的醫藥記載、茶樹的種植法，以及茶書、茶禮、茶坊茶肆之發
展和時人的飲茶生活等做了詳細分析與解釋，是近年來研究唐宋飲茶文化的重
要研究文章與參考依據之一。

　　此外，大陸所出版的部分或全本研究關於宋代飲茶文化專書，以沈冬梅
所著作之《茶與宋代社會生活》〔註10〕（台灣書名為《宋代茶文化》）內容
最為詳細。該書將宋代飲茶文化分成茶藝，以及茶與政治生活、社會生活、
文化、詩詞等部份，又將這些部份細分為製茶、飲茶、茶具、貢茶、賜茶……
等，共四編十二章三十五節，除去部分章節內容較為簡略之外，本書將整個
宋代飲茶文化的面貌介紹給讀者，是研究宋代飲茶文化的重要參考書籍。

　　至於在歐陽修與宋代飲茶文化關係的研究專論方面，大致可分成兩類：

〔註6〕　林麗玲《蘇軾詠茶詩研究》（玄奘大學中文系碩士在職專班碩士論文，2009
　　　　年）。
〔註7〕　徐佩霞《陸游茶詩探究》（台北市立教育大學中文系碩士論文，2009年）。
〔註8〕　黃信榮《蘇軾茶文學研究》（師範大學國文學系在職進修班碩士論文，2007
　　　　年）。
〔註9〕　余玥貞《唐宋時期的茶知識與飲茶文化——一個生活史的研究》（台灣大學歷
　　　　史研究所碩士論文，2007年）。
〔註10〕　沈冬梅，《茶與宋代社會生活》，北京，中國社會科學出版社，2007年。

一是在研究歐陽修的交友關係時，將茶與歐陽修及其友人之間的關係寫在文章中。此類文章主要有歐明俊的〈歐陽修與蔡襄〉，〔註11〕該文內容除了提及歐陽修與蔡襄兩人之間的淵緣，包括同為直言敢諫的諫臣、反對晏殊設宴邀約賞雪、兩家關係交好之外，也寫到歐陽修為蔡襄〈茶錄〉作序、跋，以及兩人互贈茶、泉、硯、墨等事。但由於此文寫作的方式類似於條列式，導致部分內容出現說明不甚清楚之情況。

除上述文章之外，邱瑰華所撰之〈歐陽修與梅堯臣交遊繫年〉，〔註12〕亦是屬於此類型的文章。該文將歐陽修與梅堯臣二人在交遊時所著的詩文都歸納於編年中，並提及歐、梅二人關於茶的和詩，是研究歐、梅二人交遊情形的重要資料。由於採取類似於年譜寫法的關係，使讀者在閱讀此文章時，對歐、梅二人的交遊情況得以有系統之認識。然而，也因為本文文體近似年譜，只談及兩人的年歲、任官、交遊作品等資訊，故只能做為史料蒐查時的輔助資料，不得直接轉引。

另一類討論歐陽修與宋代飲茶文化的論著，則是從歐陽修本人所著之詩文進行研究，此類文章較多，例如凱亞〈歐陽修品茶詠茶軼事〉、〔註13〕劉德清〈歐陽修詠茶詩的文化意蘊〉、〔註14〕錢時霜〈歐陽永叔與茶〉〔註15〕及〈歐陽修與茶（續）——兼論六一居士對茶文化的貢獻〉〔註16〕等，都是屬於這類。其中，凱亞所撰〈歐陽修品茶詠茶軼事〉一文，因內容著重於歐陽修的號「醉翁」與醉翁亭、醒心亭上，對其品茶詠茶一事只談寥寥數句，故在此不多作討論。

劉德清所撰〈歐陽修詠茶詩的文化意蘊〉，內容乃從茶詩的出現開始談起，提及《詩經》中已有詠茶民歌，至西晉時開始有意義完整的詠茶詩出現，

〔註11〕歐明俊，〈歐陽修與蔡襄〉，《福建論壇（文史哲版）》1998年第04期（福建福州：福建社會科學院，1998），頁72～73

〔註12〕邱瑰華，〈歐陽修與梅堯臣交遊繫年〉，《滁州學院學報》第13卷第3期（安徽滁州：滁州學院，2011），頁6～9＋11。

〔註13〕凱亞，〈歐陽修品茶詠茶軼事〉，《農業考古》1996年第4期（江西南昌：江西省社會科學院，1996），頁288。

〔註14〕劉德清，〈歐陽修詠茶詩的文化意蘊〉，《農業考古》2007年第2期（江西南昌：江西省社會科學院，2007），頁114～117。

〔註15〕錢時霜，〈歐陽永叔與茶〉，《福建茶葉》1986年第1期（福建福州：福建省茶葉學會，1986），頁40～42。

〔註16〕錢時霜，〈歐陽修與茶（續）——兼論六一居士對茶文化的貢獻〉，《福建茶葉》1992年第4期（福建福州：福建省茶葉學會，1992），頁39～43。

一直談到歐陽修與茶的關係，內容詳盡，舉證歷歷，同時其對所舉詩句進行了詳加考查和註解，是一篇頗具參考價值的文章。唯一缺失是其所舉的詩詞，未能註明出處，使讀者在查找資料時，需耗費不少時間。

除上述文章之外，比較值得注意的文章，尚有馬舒所撰〈煩心渴喜鳳團茶——歐陽修和建茶及其消渴症〉〔註17〕，該文之所以值得注意，乃是因為作者從歐陽修〈感事〉一詩中的『煩心渴喜鳳團茶』，以及其他詩文中提到的渴飲狀況，推斷出歐陽修應似患有糖尿病，也就是其標題所說的消渴症。該文中也提到宋仁宗與當時的茶官會給予歐陽修特別關照，就是因為歐陽修的消渴症很嚴重。但由於文中論述過於簡潔，且多處引用詩文並未提及著作年代，所提之內容部分有誤的關係，故在引用此文時，尚需對照歐陽修等人的生平年譜，以免有誤。

相較於上述三篇，錢時霖所寫的〈歐陽永叔與茶〉及〈歐陽修與茶（續）——兼論六一居士對茶文化的貢獻〉兩篇文章，就比較清楚地描述出歐陽修與茶的關係。在〈歐陽永叔與茶〉一文中，作者將歐陽修所作的茶詩、茶文明確分成四大項——詩、序、書、文來進行討論，其中在詩這一方面，又以龍鳳團茶、雙井茶及揚州茶等分別論述，是此文中論述最為詳盡的部分。至於〈歐陽修與茶（續）似兼論六一居士對茶文化的貢獻〉一文中所論述的內容，則是延續前篇，針對歐陽修對茶及陸羽的推崇、與蔡襄的交往和其所書之茶葉詔令等方面進行說明，從點到面來論述歐陽修對茶文化的貢獻。

最後，筆者要特別指出的是，以上各篇研究文章的頁數大多不超過五頁，因此雖然各篇論述的內容廣泛，但在對歐陽修以茶與朋友交往的情形、飲茶與養生療病，以及其手上所擁有的茶葉類型等方面，並沒有進行深入討論，故給予了筆者進一步研究的空間。

第三節　研究方法、目標與資料使用

本論文藉由對《歐陽修全集》、《梅堯臣集》、〔註18〕《蔡襄集》〔註19〕等

〔註17〕 馬舒，〈煩心渴喜鳳團茶——歐陽修和建茶及其消渴症〉，《福建茶葉》1998年第1期（福建福州：福建省茶葉學會，1998），頁48。

〔註18〕 〔宋〕梅堯臣著，朱東潤編年校注，《梅堯臣集編年校注》，上海，上海古籍出版社，2006年。

〔註19〕 〔宋〕蔡襄著，陳慶元、歐銘俊、陳貽庭校注，《蔡襄全集》，福州，福建人民出版社，1999年。

文集中，與歐陽修飲茶生活相關之詩、詞、文進行分析，配合正史《宋史》，
〔註20〕前人所著茶書《茶經》、《宣和北苑貢茶錄》、〔註21〕《東溪試茶錄》、
〔註22〕《北苑別錄》，〔註23〕筆記《夢溪筆談》、〔註24〕《畫墁錄》〔註25〕等內
容與茶相關之一手資料，並配合現代學者對茶的各項分析探討結果，將飲茶文
化與宋代文人的各個生活層面作聯繫，用以了解茶對宋代文人文化的影響。

　　《歐陽修全集》（本論文採用李逸安點校版本）的內文因並非於寫作同時
就集結成冊，而是由後人陸續整理成書，因此導致了先行整理本一旦遇到戰
亂，就極有可能遭戰火損毀的情況，後來的整理本也會因前本損毀之故而出
現部分內容未被載入，近年發現的，由日本天理大學所藏之九十六篇書簡，
正是其中一例。〔註26〕此外，因歐陽修於任官時曾對宋仁宗上言，以及協助
發布過有關茶法的相關政令，故《歐陽修全集》中亦有收載其所負責的相關
詔令條目，〔註27〕但由於茶法制定及其相關詔令等方面與本論文的主題不
合，遂在此不多加討論。

　　除《歐陽修全集》外，本論文亦參考了《梅堯臣集》和《蔡襄集》等文
集裡，與歐陽修有關之茶詩、茶文。其中，《梅堯臣集》即為《宛陵集》，本
論文所採用的版本為朱東潤編年校注，上海古籍出版社發行之版本。該書的
內容詳盡，但因部分內容並未完全按編年順序編寫，故需參考顧大朋〈《梅堯
臣集編年校注》補正〉，〔註28〕以免出現時間性的引用錯誤。

　　在唐、宋茶書方面，首推陸羽《茶經》。《茶經》是茶聖陸羽將唐代以前
各朝有關茶的事情，包含造茶、用水、飲茶方式、茶具、茶葉產地等層面詳
加介紹說明之書，是研究唐代飲茶文化的重要參考資料之一，而唐宋飲茶文

〔註20〕〔元〕脫脫等編著，《宋史》，台北，台灣商務印書館，1988 年。
〔註21〕〔宋〕熊蕃，《宣和北苑貢茶錄》，收錄於阮浩耕、沈冬梅、于良子點校注釋，
　　　《中國古代茶葉全書》（杭州：浙江攝影出版社，1999 年），頁 100～113。
〔註22〕〔宋〕宋子安，《東溪試茶錄》，收錄於《中國古代茶葉全書》，頁 71～76。
〔註23〕〔宋〕趙汝礪，《北苑別錄》，收錄於《中國古代茶葉全書》，頁 116～130。
〔註24〕〔宋〕沈括，《夢溪筆談》，北京，團結出版社，2002 年。
〔註25〕〔宋〕張舜民，《畫墁錄》，收錄於趙維國整理，上海師範大學古籍整理研究
　　　所編著，《全宋筆記》，鄭州，大象出版社，2006 年。
〔註26〕天理大學所藏之九十六篇書簡，今已由東英壽教授於其研究文章中明列出
　　　來。詳情請參照〔日〕東英壽，〈新見九十六篇歐陽修散佚書剪輯存稿〉，《中
　　　華文史論叢》第一百零五期（上海：上海古籍出版社，2012），頁 1～29。
〔註27〕詳情請參照附錄六。
〔註28〕顧大朋，〈《梅堯臣集編年校注》補正〉，《古籍整理研究學刊》2012 年第
　　　6 期（吉林長春：東北師範大學古籍整理研究所，2012），頁 52～59。

化因屬連貫傳承的關係，故在研究宋代飲茶文化時，此書亦可作爲參考資料。

相較於《茶經》，宋代茶書大多談及茶的類型與製作方式，其中熊蕃在《宣和北苑貢茶錄》裡，將產於建州（今福建建臨一帶）的北宋貢茶按品等介紹，介紹的內容包括茶型、尺寸大小、樣式等；宋子安的《東溪試茶錄》則是將福建北苑茶園中的官焙作了介紹，並對製茶方式作了解說。於此二書之後，趙汝礪所著之《北苑別錄》，更是將北苑貢茶的製茶方式、茶類綱次等，說明得更加詳細。而也因爲記載詳細的關係，使這些茶書在對討論宋代貢茶方面，尤其是北苑貢茶部分，是相當有幫助的。此外，沈括《夢溪筆談》中，亦有與茶相關的記載。該書所記載之與茶相關的內容，主要是在榷茶法方面，而榷茶法對宋代文化的影響層面雖然只在茶葉販賣收購上，但也由於此法與茶專賣有一定關聯性存在，故在本論文中還是會稍微提及。

第二章　歐陽修與茶的緣分

　　歐陽修與茶之間的緣分關係，可從其詩文中看出端倪。在由後人所整理而成的《歐陽修全集》中，提及茶的詩、文、書信總共有六十五篇首條，當中包含了詩十七首、記三篇、序一篇、跋一篇、書簡十七篇、錄二條、詔令（含敕書、宣令等）二十二篇、奏章箚子二篇，如扣除掉詔令、奏章等類型的文體，則提及茶名、茶產地與製茶情形的詩文共十八篇首條，包含詩八首、記一篇、序一篇、書簡六篇、錄二條。〔註1〕

　　從這些詩文中我們可以看出，茶在北宋社會、朝廷中所扮演的角色，以及當時製茶、飲茶的方法與社會追求好茶之情形等。

第一節　歐陽修與團茶

　　在現今社會中，歐陽修嗜茶的事蹟雖不比其嗜酒來得為後人所熟知，但實際上，歐陽修與茶的關係相當深遠。在其所著並由後人整理集結而成的《歐陽修全集》，以及近年來被發現，藏於日本天理大學之歐陽修與其友人往來的九十六篇書簡裡，和茶相關的，包含水品、茶具等事物的詩文書信共二十餘篇首，而在這當中，有提及團茶的詩文，又大約有十餘篇首。

　　歐陽修一生當中所擁有的，以及常飲用的茶中，以團茶為最，當中又以「北苑貢茶」所佔的比例最高，因此筆者擬先討論北宋福建北苑貢茶的緣由，再從中探討歐陽修與貢茶的緣分關係。

　　宋代各路每年所上貢的物品種類眾多，茶也包括在內。據《宋史》〈食貨

〔註1〕　詳情請參照本文後面附錄六。

志〉記載，「歲賦之物其類有四，曰穀，曰帛，曰金鐵，曰物產是也。……物
產之品六，一曰六畜，二曰齒革翎毛，三曰茶鹽……。」，〔註2〕此段說明了
茶在宋代是物產課稅的項目之一。

宋代課稅方式主要是承襲自唐代中期以後，以實物繳納為主的兩稅法，
然而，於茶一項的課稅分成了針對邊疆貿易的茶馬法，以及承襲於唐代的茶
稅法兩種，換言之，茶的課稅方式與其他物品不同，屬單獨一個課稅體系。

有關茶稅法方面，宋代主要分成園戶和一般茶戶兩部分。據《宋史》〈食
貨志〉記載：

> 在淮南則蘄、黃、廬、舒、光、壽六州，官自為場，置吏總之，謂
> 之山場者十三；六州採茶之民皆隸焉，謂之園戶。歲課作茶輸租，
> 餘則官悉市之。其售於官者，皆先受錢而後入茶，謂之本錢；又民
> 歲輸稅願折茶者，謂之折稅茶。〔註3〕

> 舊茶園荒薄，采造不充其數者，蠲之。當以茶代稅而無茶者，許輸
> 他物。〔註4〕

由上述二段資料可知，宋代榷茶園戶（即官方所掌控的種茶農戶）因是官方
給予本錢的關係，故其所產的茶，多作為納稅上貢之用，少部分則販售給朝
廷所認定的專賣茶商或交予茶官，園戶本身並沒有支配茶葉買賣的權利。至
於一般茶戶，因其上繳茶葉乃是為了折抵稅額，故本身對茶葉擁有支配權。
這種為折稅而上貢的茶，於正史中被稱為「折稅茶」。

折稅茶，按《宋史》上所列的數字來看，當時本場（即江南、兩浙、荊
湖、荊門、福建一帶，共三十一州五軍的榷茶園戶）所課稅出鬻之數量，一
年約八百六十五萬餘斤。至於山場（即淮南一帶六州十三場之茶戶）所受納
的折稅茶數目，總約一千四百四十二萬斤。〔註5〕沈括《夢溪筆談》〈本朝茶
法〉亦有提到：

> 國朝六榷貨務、十三山場，都賣茶歲一千五十三萬三千七百四十七

〔註2〕〔元〕脫脫等編著，《宋史》（台北：台灣商務印書館，1988），卷一百七十四，
志卷第一百二十七，〈食貨上（二）〉，頁1987～1988。

〔註3〕〔元〕脫脫等著，《宋史》，卷一百八十三，志卷第一百三十六，〈食貨下（五）〉，
頁2122。

〔註4〕〔元〕脫脫等著，《宋史》，卷一百八十三，志第一百三十六，〈食貨下（五）〉，
頁2123。

〔註5〕〔元〕脫脫等著，《宋史》，卷一百八十三，志第一百三十六，〈食貨下（五）〉，
頁2122～2123。

斤半，祖額錢二百二十五萬四千四十七貫一十。

其六榷貨務，取最中，嘉祐六年，拋占茶五百七十三萬六千七百八十六斤半，祖額錢一百九十六萬四千六百四十七貫二百七十八。荊南府……受納潭、鼎、澧、岳、歸、峽州、荊南府片散茶共八十七萬五千三百五十七斤。漢陽軍……受納鄂州片茶二十三萬八千三百斤半。蘄州蘄口……受納潭、建州、興國軍片茶五十萬斤。無為軍……受納潭、筠、袁、池、饒、建、歙、江、洪州、南康、興國軍片散茶共八十四萬二千三百三十三斤。眞州……受納潭、袁、池、饒、歙、建、撫、筠、宣、江、吉、洪州、興國、臨江、南康軍片散茶共二百八十五萬六千二百六斤。海州……受納睦、湖、杭、越、衢、溫、婺、台、常、明、饒、歙州片散茶共四十二萬四千五百九十斤。

十三山場祖額錢共二十八萬九千三百九十九貫七百三十三，共買茶四百七十九萬六千九百六十一斤。光州光山場買茶三十萬七千二百十六斤，賣錢一萬二千四百五十六貫；子安場買茶二十二萬八千三十斤，賣錢一萬三千六百八十九貫三百四十八；商城場買茶四十萬五百五十三斤，賣錢二萬七千七十九貫四百四十六。壽州麻步場買茶三十三萬一千八百三十三斤，賣錢三萬四千八百一十一貫三百五十；霍山場買茶五十三萬二千三百九斤，賣錢三萬五千五百九十五貫四百八十九；開順場買茶二十六萬九千七十七斤，賣錢一萬七千一百三十貫。盧州王同場買茶二十九萬七千三百二十八斤，賣錢一萬四千三百五十七貫六百四十二。黃州麻城場買茶二十八萬四千二百七十四斤，賣錢一萬二千五百四十貫。舒州羅源場買茶一十八萬五千八十二斤，賣錢一萬四百六十九貫七百八十五；太湖場買茶八十二萬九千三十二斤，賣錢三萬六千九十六貫六百八十。蘄州洗馬場買茶四十萬斤，賣錢二萬六千三百六十貫；王祺場買茶一十八萬二千二百二十七斤，賣錢一萬一千九百五十三貫九百九十二；石橋場買茶五十五萬斤，賣錢三萬六千八十貫。〔註6〕

〔註6〕　〔宋〕沈括，《夢溪筆談》（北京：團結出版社，2002），卷十二，〈官政（二）〉，頁145～148。又見收錄於阮浩耕、沈冬梅、于良子點校注釋，《中國古代茶葉全書》（杭州：浙江攝影出版社，1999），〈本朝茶法〉，頁84～86。

上述資料爲北宋仁宗嘉祐年間的茶葉歲課情況。若依該篇資料之詳細內文來進行整理分析，則可得到下列二表：

六榷貨務受納茶之產地、茶型、數量一欄表

六 榷 貨 務			
榷貨務	負 責 受 納 之 產 茶 地 區	受納茶型	受 納 數 量
荊南府	荊湖北路：鼎、澧、歸、峽州及荊南府 荊湖南路：潭、岳州	片茶 散茶	87 萬 5357 斤
漢陽軍	荊湖北路：鄂州	片茶	23 萬 8300 斤半
蘄州 蘄口	荊湖南路：潭州 江南西路：興國軍 福建路：建州	片茶	50 萬斤
無爲軍	荊湖南路：潭州 江南東路：池、饒、歙、江州及南康軍 江南西路：筠、袁、洪州及興國軍 福建路：建州	片茶 散茶	84 萬 2333 斤
眞州	荊湖南路：潭州 江南東路：池、饒、歙、宣、江州及南康軍 江南西路：袁、撫、筠、吉、洪州及興國、臨江軍 福建路：建州	片茶 散茶	285 萬 6206 斤
海州	兩浙路：睦、湖、杭、越、衢、溫、婺、台、常、明州 江南東路：饒、歙州	片茶 散茶	42 萬 4590 斤

十三山場買茶數量與賣茶金額一欄表

十 三 山 場			
山場所在地	山 場 名 稱	買 茶 數 量	賣 茶 金 額
光州	光山場	30 萬 7216 斤	一萬二千四百五十六貫
	子安場	22 萬 8030 斤	一萬三千六百八十九貫三百四十八
	商城場	40 萬 553 斤	二萬七千七十九貫四百四十六
壽州	麻步場	33 萬 1833 斤	三萬四千八百一十一貫三百五十
	霍山場	53 萬 2309 斤	三萬五千五百九十五貫四百八十九
	開順場	26 萬 9077 斤	一萬七千一百三十貫

廬州	王同場	29 萬 7328 斤	一萬四千三百五十七貫六百四十二
黃州	麻城場	28 萬 4274 斤	一萬二千五百四十貫
舒州	羅源場	18 萬 5082 斤	一萬四百六十九貫七百八十五
	太湖場	82 萬 9032 斤	三萬六千九十六貫六百八十
蘄州	洗馬場	40 萬斤	二萬六千三百六十貫
	王祺場	18 萬 2227 斤	一萬一千九百五十三貫九百九十二
	石橋場	55 萬斤	三萬六千八十貫

　　上述兩項資料中所記載的數據，因《宋史》並未詳細交代該數據所出的年代年號，故在比對沈括書中所載的數據時，不免會出現落差。然而，從這些資料表格中，我們可以得知以下幾點：

　　一、北宋六榷貨務除漢陽軍、荊南府外，主要分布於淮南東西路一帶，其中又以眞州所負責受納的片散茶數量最多，漢陽軍最少，此與受納範圍大小有明顯的關係。

　　二、北宋榷茶產地主要集中於兩浙路、江南東西路及荊湖南北路，少數分布在福建路（建州）及成都府路（名山茶，又名蒙頂茶）。其中，兩浙路和江南東路爲唐代貢茶的主要產地。該地區所產的茶，占北宋榷茶數量約百分之三十四，〔註7〕大多由海州、眞州及無爲軍三地負責收榷，在這當中，海州只負責收榷兩浙路及江南東路地區所產的茶。

　　三、十三山場集中在淮南西路，此路轄有黃、蘄、舒、光、壽、廬、濠、和州以及無爲軍，除濠州、和州及榷貨務所在的無爲軍外，其他六州皆有山場，當中蘄州爲榷貨務和山場皆有的州郡，亦是山場數量最多的州軍府之一。

　　四、十三山場的賣茶價格，以壽州麻布場最高，其次爲壽州霍山場和光州商城場，而賣茶價格最低，則是光州光山場、舒州太湖場及黃州麻城場，此賣茶價格與茶之榷收數量無一定關係。

　　五、出於今日福建一帶的茶葉，僅占宋代整體貢茶比例約百分之二點七

〔註7〕 此一數據，乃是根據沈括《夢溪筆談》中所記載之數值加以計算而得，計算方式爲（無爲軍受納茶數 842333 斤÷11 受納產茶地×5 江南東路產茶地＋眞州受納茶數 2856206 斤÷15 受納產茶地×6 江南東路產茶地＋海州受納江南東路、兩浙路茶數 424590 斤）÷六榷貨務總受納茶數總額 5736786.5 斤×100%＝（382878.6 斤＋1142482.4 斤＋424590 斤）÷六榷貨務總受納茶數總額 5736786.5 斤×100%＝1949951 斤÷六榷貨務總受納茶數總額 5736786.5 斤×100%≒34%（四捨五入取至個位數）。詳細資料請參照〔宋〕沈括，《夢溪筆談》，卷十二，〈官政（二）〉，頁 145～148。

至七點六（嘉祐年間六榷貨務中，建州所佔之平均比例）。〔註8〕這也就是說，宋代文人常於詩文中提到之龍鳳團等產自福建的茶，實際上佔整個宋代歲課茶的比例很少。

六、福建茶區位在今日的建甌一帶，於北宋時屬福建路建州，從《夢溪筆談》等資料中可以得知，建州茶，也就是建茶並非專由一榷茶機構負責收購，而是分散成三區，箇中原因不詳，但若從當時的茶務單位分布，以及交通運輸等方面來進行分析，其實不難了解爲什麼會出現這種現象。

如以附錄三地圖上所顯示的地名範圍，對照《宋史》及《夢溪筆談》中的記載，可以發現北宋的六榷貨務都集中在淮南東西路，而離建州最近的榷貨務，主要有蘄州蘄口、無爲軍以及眞州三地，〔註9〕但就算此三地是距離建州最近的榷貨務，中間也還是相隔了江南東路及兩浙路。簡言之，因距離榷貨務路途遙遠、茶園範圍不算集中的關係，建茶在繳納上貢時，就會選擇離產地較近，且運輸較爲方便的榷貨務作爲繳納地。

茶的上貢與課稅，主要是由朝廷所派遣的茶官負責。茶官制度始於南唐，至宋代發展出中央與路級機構，中央爲（外地）榷貨務，路級的則是茶鹽司、茶馬司及發運使司。

榷貨務是政府用來控管禁止民間私自販售的物品之機構。因爲政策的關係，茶在宋代被列爲禁止民間私售的物品之一，因此其才會在榷貨務的管轄之下。另外，在宋代負責榷茶的路級機構中，發運使司於產茶地區的官員職

〔註8〕 此一數據，乃是根據《宋史》〈食貨下（五）〉中所記載之數值加以計算而得，計算方式爲下列二種：

一、按《宋史》所載之數值，則建茶輸租折稅茶數百分比，爲建茶輸租折稅茶數 393000 斤÷山場輸租折稅 14412000 斤（此值爲輸租折稅額江南 10270000 斤＋兩浙 1279000 斤＋荊湖 2470000 斤＋福建 393000 斤的總和）×100%≒2.7%（四捨五入取至小數點後第一位）。

二、按《夢溪筆談》記載，則建茶的輸租折稅茶數百分比，爲蘄州蘄口受納茶數 500000 斤÷3 受納產茶地＋無爲軍受納茶數 842333 斤÷11 受納產茶地＋眞州受納茶數 2856206 斤÷15 受納產茶地）÷六榷貨務總受納茶數總額 5736786.5 斤×100%＝（166666.7 斤＋76575.7 斤＋190413.7 斤）÷5736786.5 斤×100%＝433656.1 斤÷5736786.5 斤×100%≒7.6%（平均數值與百分比數值，皆採四捨五入取至小數點後第一位）。詳細資料請參照〔元〕脫脫等著，《宋史》，卷一百八十三，志第一百三十六，〈食貨下（五）〉，頁 2122～2123。以及〔宋〕沈括，《夢溪筆談》，卷十二，〈官政（二）〉，頁 145～148。

〔註9〕 詳情請參照附錄五。

稱爲淮南、江、浙、荊湖制置茶鹽礬兼都大發運使，其主要職責除了轉輸東南六路的物資上京外，還控制著六路的茶、鹽、香料、礬石等物資。至於茶鹽司，因各路所產的物資不同之故，名稱會有些微變化。福建路並沒有產鹽，也因此茶鹽司在該路的官司名爲茶場司，此機構的主要職責在於賣茶及定時至該路各州縣巡察、禁止私自販售茶葉。

相較於茶鹽司和發運使司，茶馬司的出現時間較晚。茶馬司於北宋時期，爲都大提舉成都府、利州、陝西等路茶場公事，以及提舉陝西買馬監牧司兩個機構所組成，至宋神宗元豐四年（西元 1081 年）才合併成一個機構（即後來的都大提舉茶馬司）。該機構所負責的項目，主要是針對西北、西南地區的茶馬貿易。《宋史》〈食貨志〉記載：

> 熙寧……七年，始遣三司幹當公事李杞入蜀經畫買茶，於秦鳳、熙
>
> 河博馬。而詔言熙人頗以善馬至邊，所嗜唯茶，乏茶與市。〔註10〕

秦鳳、熙河位於陝西以西，也就是在今日的寧夏、甘肅一帶，當地少數民族主要以放牧、游牧維生，少部分地區有農業方面的經營；因爲環境不利於茶樹生長的關係，故茶在該地區屬於珍貴物資。相較於此，北宋政經發展所在的華北、華南、東南等地並不產馬，但由於戰爭的關係，導致對馬的需求量大，因此雙方才以茶馬互市，而這也使得四川的榷茶除被用於上貢之外，大多被運輸至秦鳳路等地，用以進行茶馬貿易。此部分的內容因與本題目不合，故在此不多表述。

除上述三職司外，各路轉運司也負責控管巡察該路茶事以及相關賦稅。〔註11〕轉運司在某些書中稱爲漕運司，內部官員稱爲轉運使或漕運使（漕臣），爲五品以上之官員，負責掌控該路的租稅、軍儲，以及監督該路官吏、薦舉賢能等。福建路的轉運使職，除了負責上述各項職責外，在掌控該路茶事上，職責遠比其他各路來得重要許多，之所以會如此，主要原因乃是在於北苑貢茶茶園的成立。

宋代茶葉成品（型態）共可分成兩大類，這兩大類即是團茶和散茶。其中，團茶又可稱爲片茶、餅茶，於宋代出現許多名品。若按照餅茶上被壓製

〔註10〕〔元〕脫脫等著，《宋史》，卷一百八十四，志第一百三十七，〈食貨下（六）〉，頁 2132。

〔註11〕〔元〕脫脫等著，《宋史》，卷一百六十七，志卷第一百二十，〈職官（七）〉，頁 1879、1881。

出的特殊型樣，以及製作方式、茶液色澤等方面來進行細分，此類茶型大抵可分成數十多種，在這當中，又以福建鳳凰山北苑所產的茶最佳，時稱「北苑貢茶」。舉凡龍團、鳳團、小龍團、密雲龍、白乳、勝雪等，皆爲當時相當著名的團茶。

北苑貢茶的茶園形成甚早，但茶園規模的初步建立，卻是開始於宋太宗時期。熊蕃《宣和北苑貢茶錄》說：

> 至於唐末，然後北苑出爲之最。是時，僞蜀詞臣毛文錫作《茶譜》，亦第言建有紫筍，而臘面乃產於福。五代之季，建屬南唐。南唐保大三年，俘王延政，而得其地。歲率諸縣民，採茶北苑，初造研膏，繼造臘面。丁晉公《茶錄》載：泉南老僧清錫，年八十四，嘗示以所得李國主書寄研膏茶，隔兩歲方得臘面。此其實也。至景祐中，監察御史丘荷撰《御泉亭記》，乃云，唐季敕福建罷貢橄欖，但贊臘面茶，即臘面產於建安明矣。荷不知臘面之號始於福，其後建安始爲之。既又制其佳者，號曰京鋌。其狀如貢神金、白金之鋌。聖朝開寶末，下南唐。太平興國初，特置龍鳳模，遣使即北苑造團茶，以別庶飲，龍鳳茶蓋始於此。〔註12〕

從此段記載可知，北苑團茶上貢始於唐末，但直到宋太宗時期遣使至北苑造團茶後，北苑貢茶茶園才正式建立。

另外，從上段引文可以得知，宋代團茶的名稱之所以多樣化，原因除了在製作材料、製作方式及茶液色澤的不同外，更重要的原因，乃是在於皇室的區別心態——爲了與民間飲茶所用的團茶做區別，於宋太宗時期開始，上貢用的餅茶皆以模具壓製出型樣，後續繼承的皇帝甚至命宮人以金銀紙剪花黏貼作裝飾，使之看起來不俗。

北苑茶園所上貢的團茶總數，在北宋貢茶中所占比例並不高。按《宣和北苑貢茶錄》之記載，宋太宗太平興國初，北苑茶園之龍焙（正焙）一年所上貢的團茶總量爲五十片（亦有一說爲五十斤），但到了哲宗元符年間，該官焙貢茶的數量增加至一萬八千餘片。〔註13〕由此可知，北苑貢茶的數量，並非一開始就占福建歲貢茶的多數。據丁謂《北苑茶錄》殘篇記載：

> 官私之焙，千三百三十有六〔註14〕

〔註12〕〔宋〕熊蕃，《宣和北苑貢茶錄》，收錄於《中國古代茶葉全書》，頁101。

〔註13〕此爲〈宣和北苑貢茶錄〉中的補充解釋資料，該文收錄於《中國古代茶葉全書》，頁101～102。

〔註14〕〔宋〕丁謂，《北苑茶錄》，收錄於《中國古代茶葉全書》，頁55。

以及宋子安《東溪試茶錄》云：

> 舊計建安郡官焙三十有八……又丁氏舊錄云：『官私之焙，千三百三
> 十有六』，而獨記官焙三十二〔註15〕

從這兩段記載可以得知，宋代北苑一共有三十二座官焙，占北苑總茶焙數的
千分之二十四，〔註16〕數量不多，加之團茶製作技術繁複的關係，故該茶園
上貢的團茶數量應該也不多。而根據《東溪試茶錄》的說法，位於福建建甌
鳳凰山的北宋北苑官焙有以下數個：

> 東山之焙十有四：北苑龍焙一，乳橘內焙二，乳橘外焙三，重院四，
> 壑嶺五，謂源六，范源七，蘇口八，東宮九，石坑十，建溪十一，
> 相口十二，火梨十三，開山十四。南溪之焙十有二，下瞿一，濛州
> 東二，汾東三，南溪四，斯源五，小香六，際會七，謝坑八，沙龍
> 九，南鄉十，中瞿十一，黃熟十二。西溪之焙四：慈善西一，慈善
> 東二，慈惠三，船坑四。北山之焙二：慈善東一，豐樂二。〔註17〕

在上述各焙當中，北苑龍焙是專造龍鳳團茶的官焙，是以此焙又被稱為正焙、
貢焙，至於其餘三十一焙，則因距離龍焙的遠近而分成內焙（位於龍焙不遠
處的山內，又稱淺焙）、外焙（離龍焙較遠的官焙）等，這些茶焙所上貢的團
茶，因「色香必迥殊」的關係，品等差距頗大。〔註18〕

　　北苑貢茶的上貢數量是在製作技術精進，以及茶園受到朝廷重視、擴大
經營後，才逐漸增加的，於此之前雖不時有新品出現，但由於製作方式及材
料方面的限制，產量並沒有因此而提高，這也是其會被拿來當作賞賜物品的
原因之一——物以稀為貴。

　　宋代團茶的種類很多，這部分筆者已於上文提及，然而在所有團茶種類
中，又以北苑貢茶出現在文人詩詞中的機率最高，諸如「含膏」、「兩龍」、「白
花如粉乳」、「建溪」、「龍團」、「雙鳳」、「鳳團」、「蒼璧」等，在當時皆是用
來代表北苑團茶的詞語，尤其是「龍團」、「蒼璧」二詞，指的更是北苑龍焙
所出之團茶。

　　歐陽修所擁有的團茶，如根據其詩文中所提到的茶名來看，絕大部分都

〔註15〕〔宋〕宋子安，《東溪試茶錄》，收錄於《中國古代茶葉全書》，頁72。

〔註16〕此值的計算方式為官焙數 32÷官私焙總數 1336×‰＝23.9……≒24‰（四捨五
　　　　入取到個位數）。

〔註17〕〔宋〕宋子安，《東溪試茶錄》，收錄於《中國古代茶葉全書》，頁72。

〔註18〕〔宋〕蔡絛，《鐵圍山叢談》（北京：中華書局，1997），卷六，頁106。

是出自北苑，例如〈嘗新茶呈聖俞〉一詩即有描述當時貢茶的採摘製作情況：

　　年窮臘盡春欲動，蟄雷未起驅龍蛇。

　　夜聞擊鼓滿山谷，千人助叫聲喊呀。

　　萬木寒癡睡不醒，唯有此樹先萌芽。

　　乃知此為最靈物，宜其獨得天地之英華。

　　終朝採摘不盈掬，通犀銙小圓復窊。

　　鄙哉穀雨槍與旗，多不足貴如刈麻。〔註19〕

另外，〈次韻再作〉一詩，則是將當時人們追求建溪團茶的情況記錄下來：

　　吾年向老世味薄，所好未衰惟飲茶。

　　建溪苦遠雖不到，自少嘗見閩人誇。

　　每嗟江浙凡茗草，叢生狼藉惟藏蛇。今江浙茶園俗云多蛇。

　　豈如含膏入香作金餅，蜿蜒兩龍戲以呀。

　　其餘品第亦奇絕，愈小愈精皆露芽。

　　泛之白花如粉乳，乍見紫面生光華。〔註20〕

從上述詩文的創作時間，也就是北宋仁宗嘉祐三年（西元 1058 年）來看，時任建安太守之人，乃是沈括之父扶，而如從〈嘗新茶呈聖俞〉一詩來看，沈扶應該曾寄茶與歐陽修。〔註 21〕此外，與歐陽修相交好的蔡襄在其任福建路轉運使時，亦曾寄贈茶葉給歐陽修，而歐陽修於品嘗後，亦曾寫詩詠讚建茶，因此，在《歐陽修詩文集校箋》裡，才會將太守解釋為是當時知福州的蔡襄。〔註22〕

　　蔡襄與歐陽修交好，其在任福建路轉運使時，把北苑貢茶的發展推到了高峰，但這所謂的高峰，並非指產量，而是指品質。歐陽修手上的北苑團茶，有部分是蔡襄在完成北苑茶所應上貢的數量後，將剩餘部份，也就是貢餘中分出一些寄送給他的。

　　日本學者高橋 忠彥對宋詩中所蘊含的宋代飲茶文化做過深入研究，在其

〔註19〕〔宋〕歐陽修撰，李逸安點校，《歐陽修全集》（北京：中華書局，2009），《居士集》卷七，〈嘗新茶呈聖俞〉，頁114。

〔註20〕〔宋〕歐陽修撰，李逸安點校，《歐陽修全集》，《居士集》卷七，〈次韻再作〉，頁115。

〔註21〕〔宋〕歐陽修撰，李之亮箋注，《歐陽修集編年箋注》（成都：巴蜀書社，2007），《居士集》卷七，〈嘗新茶呈聖俞〉，頁289。

〔註22〕〔宋〕歐陽修著，洪本健校箋，《歐陽修詩文集校箋》（上海：上海古籍出版社，2009），《居士集》卷七，〈嘗新茶呈聖俞〉，頁202。

著作〈宋詩より見た宋代の茶文化〉（從宋詩看宋代茶文化）中，曾對這兩首詩做出了解釋。〔註23〕高橋先生認爲，第一首詩（〈嘗新茶呈聖俞〉）的前半將北宋時期人人追求團茶，以及採摘製茶的情況記錄了下來。第二首詩（〈次韻再作〉）則是用以補充第一首詩所沒描述的，包括對建茶的讚美及對草茶（散茶）的不屑一顧。但是，這樣的解釋有其不足夠及不正確的地方。

北苑貢茶（即建茶）運至京城的時間是在季春三月，因此，北苑採茶的時間，必須是在三月以前。而爲了避免運輸時間過長，導致無法在新春前將茶運至京城，採茶製茶的時間就必須相對提前。「年窮臘盡春欲動，蟄雷未起驅龍蛇」，此句說明了貢茶採摘的月份大致在農曆十二月末至二月中驚蟄間。「夜聞擊鼓滿山谷，千人助叫聲喊呀」，一般而言，不管是團茶還是散茶，其原料茶葉的採摘時間，基本上都是在清晨太陽升起前，且因是在驚蟄之前採摘，蛇蟲大多處於冬眠的情況，爲避免在夜半採茶時遭蛇蟲咬傷，採茶人家就只好擊鼓鳴天加之千人吶喊，以驚擾起蛇蟲，同時也是在期待茶樹能因爲巨大聲響而提早發芽。

「鄙哉穀雨槍與旗，多不足貴如刈麻」一句，高橋先生認爲，穀雨前後因茶樹大多已經發新芽長新葉，採摘製作成茶的數量自然大增，於是導致了量多不足貴，被人輕視的情況。當然，這裡所說的穀雨槍旗，其實是指在穀雨前後採摘的散茶，而若按照相關之詩文書信內容來看，宋代散茶的價格確實比團茶平均要來得低些。

宋代散茶的產地，主要集中在江浙、淮南一帶，且多有與團茶產地重疊。江浙地區，舉凡宜興、長興等地，在五代以前，乃爲團茶貢茶的產地之一，且是最重要的產地。然而至宋代，由於某些緣故，導致此地區所上貢的團茶品次降低，改由更南邊的建州等地所上貢之團茶拔尖，使得此地區逐漸減少團茶的生產，改成以散茶爲主的製作型態，且所製出的茶，於頂級散茶中佔有相當程度的地位。有關此變化之發生因素，筆者將在下節進行說明。

如前文所述，宋代頂級貢茶的數量，反映了物以稀爲貴的道理，就算後來頂級貢茶的數量較前朝有所增加，但由於品等不同的緣故，導致賞賜的情況也跟著有所不同。若按歐陽修手中所擁有的貢茶——（小）龍團、雙鳳（鳳團）、龍鳳團之品等而論，當中以小龍團的品等最高，同時也最晚出現。而這

〔註23〕〔日〕高橋 忠彥，〈宋詩より見た宋代の茶文化〉，《東洋文化研究所紀要》第一百一十五冊（東京：東京大學東洋文化研究所，1991），頁69～70。

個小龍團，指的其實是蔡襄任福建路轉運使時，所監製的小龍團茶。

北宋貢茶的用途，除了供應皇室祭天、飲用之外，皇帝也會將貢茶賞賜給有功的大臣及僧、道、庶民，甚至送予邦國，以作為獎勵、恩賜或聯繫雙方關係之用。其中，在賜與大臣貢茶這一方面，皇帝會視大臣官位高低，賜與品等不一的貢茶，而貢茶的賜與，又可分成薪餉和推恩兩項。歐陽修即是大臣中得宋仁宗賜茶，且薪餉賜茶與推恩賜茶皆有的一例。

一般而言，皇帝論功行賞是中國各朝都有的現象，然而賜茶這一行為與其他各類的賞賜項目相比，出現的時間明顯較晚，直至唐代才開始有相關記錄出現，之所以會如此，原因主要在於，茶的上貢始自於唐朝。至宋代，因茶上貢數量的增加，賜茶的現象較前代更為常見。據歐陽修所作的茶詩〈和梅公儀嘗茶〉，說：

> 溪山擊鼓助雷驚，逗曉靈芽發翠莖。
>
> 摘處兩旗香可愛，貢來雙鳳品尤精。〔註24〕

上面詩句為歐陽修在仁宗嘉祐二年（西元 1057 年）時所作，詩中提到了宋代貢茶中的鳳團。鳳團出現的時間，大約是在丁謂任福建路轉運使時，也就是在宋太宗至道年間（西元 995～997 年）。據北宋張舜民在《畫墁錄》中的說法：「丁晉公為福建轉運使。始制為鳳團，後又為龍團，貢不過四十餅，專擬上貢。雖近臣之家，徒聞之而未嘗見也。」〔註25〕由此段記載我們可以知道，鳳團在宋太宗朝末期所產製的數量極少，就連近臣都不見得可以獲得賞賜。

至宋仁宗朝時，因北苑茶園的管理已上軌道，且面積增加的關係，龍、鳳團的上貢數量漸增，加之小龍團的出現，使皇帝以龍團、鳳團賞賜大臣、邦國的次數逐漸增加。出現時間在龍團、鳳團之後的小龍團，是以茶葉中最為精華的部分來加以製成，除形狀較過去之龍鳳團要來的小之外，因為數量稀少（只有二十八片）的關係，價格可說是貴得驚人。歐陽修在其〈歸田錄〉中就有提到：

> 茶之品莫貴於龍鳳，謂之小團，凡二十八片，重一斤，其價值金二
>
> 兩。然金可有，而茶不可得，嘗南郊致齋，兩府共賜一餅，四人分

〔註24〕〔宋〕歐陽修撰，李逸安點校，《歐陽修全集》，《居士集》卷十二，〈和梅公儀嘗茶〉，頁 209。

〔註25〕〔宋〕張舜民，《畫墁錄》，收錄於趙維國整理，上海師範大學古籍整理研究所著，《全宋筆記》（鄭州：大象出版社，2006），頁 210。

之。宮人往往縷金花其上，蓋貴重如此。〔註26〕

　　茶價貴至如此，有金錢仍不可得，原因除了產量稀少之外，更重要的因素在於「縷金花其上」，金不便宜，茶亦不便宜，兩者相加，自然是「不可得」。相比於此，龍團、鳳團的價值就不如小龍團，成爲次品。到了宋神宗元豐年間，小龍團的地位又被新製成的密雲龍所取代，這間接導致了龍團、鳳團的地位更爲下降。據南宋趙汝礪所著的《北苑別錄》來看，團茶至南宋分爲細色五綱、先春兩色、續入額四色、粗色七綱。其中，於北宋太宗朝所創的龍團、鳳團，已被排在粗色的第三至七綱，小龍團則因產地及入香的差別，品等分散於細色第五綱與粗色第一至四綱中。〔註27〕

　　團茶的製作工藝，主要表現在其製作方式上。據趙汝礪《北苑別錄》的記載，宋代團茶的基本製作步驟共分八項——開焙、採茶、揀茶、蒸茶、榨茶、研茶、造茶、過黃，〔註28〕其中，除了開焙是需要看氣候時節之外，其他各步驟的注意事項亦相當繁多，尤其越頂級的茶，注意事項就越繁雜，製作步驟也就越細緻，在世人眼中也就越加高貴。這種情況導致了宋代前期所出現的頂級團茶，至後期往往會因爲新茶樣的出現而退一兩個檔次，甚至更多之情況。因此，歐陽修能看到，甚至是品嚐到鳳團茶，這不得不說是團茶在製作工藝上的精進，所造成的結果之一。

　　如前段所述，宋代團茶的製作工藝繁複，雖然粗分爲八項工作，但各項工作又會因茶的等第不同而有所差異。其中，團茶的精品是以茶樹在冬末春初所長出的茶芽與其細嫩部分製作而成，但受到茶樹數量及茶芽長出時間等因素影響，使之上貢的數量始終無法增加。同時，在物料稀少、需耗費大量人力製作且手法繁雜，以及由政府專賣、取得需耗費大量財力等因素下，導致了若非有極高的經濟能力，一般人是買不起團茶的結果。然而，茶對中國社會文化的影響深遠，尤其在飲食方面，是相當重要的飲品，因此，就算數量稀少，還是有大量人士趨之若鶩，故坊間出現大量茶肆，友人之間互相贈茶，皇帝因功或遇大型節慶而賜茶的現象，就成了宋代文化中的一個特色。

　　於歐陽修的詩詞裡，我們可以發現皇帝賜茶的原因，其中一個是告老還鄉。在他所作茶詩〈和原父揚州六題・時會堂二首〉的其二說道：

<hr />

〔註26〕〔宋〕歐陽修撰，李逸安點校，《歐陽修全集》，《歸田錄》卷二，頁1931。
〔註27〕〔宋〕趙汝礪，《北苑別錄》，收錄於《中國古代茶葉全書》，頁119～122
〔註28〕〔宋〕趙汝礪，《北苑別錄》，收錄於《中國古代茶葉全書》，頁116～119。

　　憶昔嘗修守臣職，先春自探兩旗開。

　　誰知白首來辭禁，得與金鑾賜一杯。〔註29〕

從這首詩可以得知，當老臣前往金鑾殿向皇帝辭官時，皇帝會視其功勞而賜物，茶便是賜物中的一種。而除了告老還鄉之外，還有一種情況，大臣也會獲得皇帝的賜茶，那便是在大型節慶，如南郊大禮等舉辦之時。

　　在皇帝賜與歐陽修的茶中，以南郊大禮前夕所賜的小龍團最貴，也最稀少。歐陽修在其所撰〈《龍茶錄》後序〉中提及：

　　蓋自君謨始造（小龍團）而歲貢焉，仁宗尤所珍惜，雖輔相之臣，

　　未嘗輒賜。……惟南郊大禮致齋之夕，中書、樞密院各四人共賜一

　　餅，宮人翦金為龍鳳花草貼其上，兩府八家分割以歸，不敢輒試，

　　相家藏以為寶，時有佳客，出而傳玩爾。〔註30〕

蔡襄監製出來的小龍團，在宋仁宗當政的時代還很稀少，大臣中有貴為輔相者，也未必常得皇帝賞賜貢茶；歐陽修官至參知政事，也才被宋仁宗賞賜小龍團一次，且是在南郊大禮時獲得賜贈的，可見其稀少程度不同一般。換言之，作為最頂級的貢茶，小龍團被皇帝賞賜給大臣的次數少之又少，原因除了製作方式複雜外，產量稀少是最明顯的原因。

　　由於頂級貢茶的產量極為稀少之故，其貴重程度自然就遠比其他貢物要來得高，作為賜物也就能更能顯現皇帝之恩德。南郊大禮是宋代相當重要的慶典之一，也唯有此等大型節慶，皇帝才會將頂級貢茶（小龍團）賜予兩府大臣，且一人只可分得茶餅的四分之一，可見當時上貢團茶之精品真的很稀少。而這種於大型節慶賜茶予大臣的情況，是為推恩。

　　歐陽修能獲得貢團茶中的精品，與蔡襄任職於福建路轉運使有很大的關係；如筆者於上文中所述，歐陽修手中的團茶，除了皇帝賜予（推恩、薪餉皆有）的之外，其他則多為蔡襄等友人所贈送。而蔡襄曾任福建轉運使，故使其贈予歐陽修的茶中，有不少為貢餘的餅茶。

　　方物上貢的歷史悠久，在上貢的過程中，為避免運輸損壞的情況發生，朝廷往往都會要求在規定的上貢數目之上，進行增加入貢，但茶有時候會因為某些緣故而出現高產，以至於當上貢數目達到後，還有剩餘的茶囤積在相

〔註29〕〔宋〕歐陽修撰，李逸安點校，《歐陽修全集》，《居士集》卷十三，〈和原父揚州六題·時會堂二首〉，頁214。

〔註30〕〔宋〕歐陽修撰，李逸安點校，《歐陽修全集》，《居士外集》卷十五，〈《龍茶錄》後序〉，頁955。

關單位中，造成貢餘的情形出現。

　　為了消耗這些貢餘餅茶，負責受納貢茶的機構亦會開放供應茶商進行購買，而有些茶官亦會從這些貢餘餅茶中，揀擇品質較佳者寄送予友人。這些茶官有無因此而受罰，資料上並沒有詳細記載，但如就歐陽修及蔡襄的詩文來看，是沒有發現到這類跡象的。因此有學者稱，歐陽修之所以可以得到蔡襄寄來的精品團茶，應為宋仁宗特賜，有了皇帝的批准，蔡襄才得以從貢餘中挑選精品來寄予歐陽修。〔註31〕然而，此種說法明顯有其不恰當之處。

　　宋代因屬文人政治，在皇室的祖訓下，社會對文人有著最大的包容性，而文人也因此有著較大的自主性，所以，在此情況下，大臣之間私下的贈物活動，是不可能需要上奏皇帝，請得皇帝批准的，故蔡襄寄送貢餘團茶予歐陽修的行為，亦有可能是在皇帝不知情的狀況下進行的。

第二節　歐陽修與散茶

　　散茶又被稱作茗茶、草茶，與團茶只興盛於唐、宋兩朝的情況不同，其在中國流傳的時間，上可追朔至秦漢，甚至是上古時代。陸羽《茶經》有云：「茶之為飲，發乎神農氏，聞於魯周公。」〔註32〕，由此可知，茶自上古時代就已出現於中國，但由於神農氏是為傳說人物，因此茶發源自神農氏這點並不足以為人所採信。然而，如就茶出現於古籍記載當中的時間來進行判斷，則茶出現在中國文化的時間，始自於先秦這點是可以確定的。

　　散茶於北宋的發展，與當時人嗜茶但團茶產量不多，有密切的關聯。有關北宋團茶的產量、價格與流行之情況，筆者已於上節進行說明，在此不多贅言。相比於團茶，散茶於北宋中期以後開始受人青睞的原因在於，一是散茶在製作材料上比較沒有限制，大抵一芽一葉至一芽三葉的茶芽皆可用來製作，所以在價格上較團茶便宜。二則在於散茶的飲用方式較為多元，相比團茶需經過輾研後才能沖泡飲用，散茶的飲用方式較為簡便，可採直接沖泡的瀹泡法。歐陽修在〈答聖俞〉詩中所提及的「薄茗」，正是此種泡法的寫照。但因為此種泡茶法所泡出來之茶色、茶味不及團茶輾壓沖泡後的濃郁，因此

〔註31〕馬舒，〈煩心渴喜鳳團茶──歐陽修和建茶及其消渴症〉，《福建茶葉》1998年第1期，（福建福州：福建省茶葉學會，1998年），頁48。

〔註32〕〔唐〕陸羽等著，宋一明譯註，《茶經譯註》（外三種），《茶經》，〈六之飲〉，頁38。

在宋代，採用輾研飲法的團茶，還是比採用瀹泡飲法的散茶受歡迎。

據《宋史》〈食貨志〉記載，宋代散茶的主要產地在袁、饒、池、光、歙、潭、岳、辰、澧、歸、宣、江、鼎州等地，〔註33〕亦即江浙、淮南一帶，是為六榷貨務所收的另一種貢茶，其中，淮南、兩浙為唐代貢茶的主要產區。而根據歐陽修所寫的茶詩，配合正史記載以及今人的相關研究，我們可以發現，雖然宋代大部分的措施都承襲自唐代，但在有關貢茶產地方面，唐、宋兩朝卻是不盡相同的。會出現這種改變的原因，主要有氣候的變遷，以及貢焙的改置等方面。

中國茶葉的採摘時間，若從南到北來看，大致是分布在冬末春初（福建、廣東、海南等省）到春末夏初（最北面的山東）之間。但在宋代，因部分地區氣候的不穩定與國土偏南之關係，導致茶葉產地分布出現了局部性的更動，而這局部性的更動，使得宋代的茶區較唐代偏南。

有關氣候因素的說法主要有兩種，其中，陳宗懋於其所編的《中國茶經》裡提到，唐代的平均氣溫較宋代要高約二至三度左右。〔註34〕另外，在張威與王林合著之〈唐宋貢茶之比較研究〉中，亦有提及因宋代氣候逐漸變冷，產茶中心南移的說法。〔註35〕但實際上，若根據現代歷史地理學者及氣候學者的研究（如鄒逸麟所著之《中國歷史地理概述》〔註36〕）來看，唐代所處的西元七至十世紀，是為寒冷期，而宋代所處的十世紀中葉之後至十三世紀末，則為小冰河期前的溫暖期，故陳宗懋等人的說法明顯有其爭議之處。〔註37〕

〔註33〕〔元〕脫脫等著，《宋史》，卷一百七十四，志第一百二十七，〈食貨上（二）〉，頁 1987〜1988。

〔註34〕陳宗懋，《中國茶經》（上海：上海文化出版社，2010），頁 22〜23。

〔註35〕張威、王林合著，〈唐宋貢茶之比較研究〉，《黑龍江史志》2010 年第 17 期，（黑龍江哈爾濱：黑龍江省地方誌辦公室、黑龍江省地方史志學會、當代黑龍江研究所，2010），頁 17。

〔註36〕鄒逸麟，《中國歷史地理概述》，上海，上海教育出版社，2007 年。

〔註37〕關於陳宗懋等人的說法之爭議，主要有兩項：

一、根據中國歷史地理學者及氣候學者的研究，明清之際，亦即西元十四世紀至十九世紀中葉間，全球進入小冰河期，而在宋代所處的西元十世紀至十三世紀中葉，氣候是為溫暖期。因此，陳宗懋等人所提出的，有關宋代氣溫較唐代低的觀點，即有可能是來自於小冰河期前，氣溫會開始降低之設想。但實際上，中國整體氣候變冷，是在元代，亦即十三世紀末至十四世紀初以後。

二、按鄒逸麟於《中國歷史地理概述》一書中所言，於西元十世紀中葉至十

　　宋代雖然處於整體氣候的溫暖期，但由於茶園所處的東半部地區曾多次遭遇低溫期之故，在這種情況下，若要依唐代的貢團茶產地來進行上貢，那麼，貢團茶必須於新春時期送入京城，就會變成是一件比較困難的事情。換言之，宋朝廷如要在新春時期就品嘗到新的貢團茶，便勢必要將產地範圍南移至溫度變化較爲穩定的地區，因此，位在福建省的建安北苑茶園才會被宋朝廷注意並且重視。

　　宋朝廷在將貢茶中團茶的產地範圍南移之後，原先屬於唐代貢茶產地的團茶茶園並沒有因此荒廢，而是將茶葉製作方式從團壓改爲散蒸，也就是將該地原先用來製作上貢用團茶的茶葉改製成散茶，例如宜興陽羨茶便是其中由團茶改製爲散茶的一例。

　　另外，在茶葉型態方面，由於茶樹品種、製作方式的不同，所生長出來的茶芽、茶葉型態自然也就有其不同之處，而最後的成品型態也有所差別。歐陽修於〈雙井茶〉詩中所提到的「鳳爪」，〈時會堂二首〉中所言之「兩旗」等詞，就是用來形容茶葉的型態──（揚州、雙井）一芽二葉，（雙井）緊圓微卷，形如鳳爪。同時，〈雙井茶〉詩中所寫的白毛囊，指的其實是上好的茶葉。

　　在選擇製茶原料的過程中，有一定的揀選標準，例如一芽一葉（一葉一心）、一芽二葉（二葉一心）、一芽三葉（三葉一心）等，其中散茶（綠茶）的品質以一芽一葉最佳，一芽三葉品質最次。一芽一葉的茶，通常都是剛新生出來沒多久就採摘的，在這種情形下，新生茶芽與嫩葉上的白毛並未退盡，因此造成了雙井茶等頂級散茶「銀毫披露」的特色。當然，宋代的頂級茶，包括團茶和散茶，大多都是一芽一葉或一芽二葉所製，除了最頂尖的團茶是由茶芽製成外，宋代很少有茶會以一芽三葉甚至是四葉製成。

　　相比於團茶，宋代散茶的細分項目較多。據《宋史》〈食貨志〉中所言，團茶以製法及原料作爲標準，共約分成十二等。至於散茶，則是按地方出處，可分成二十六等及十一等，又以上中下分爲一至五號，舉凡仙芝、玉

二世紀末中，中國東部地區曾遇到幾次低溫期，而此低溫期所造成的情況，影響範圍直至嶺南一帶。換言之，茶區南移雖與氣候上的溫度變化有關，但此變化並非爲全球整體性的發展，而是部分地區的氣溫波動，故陳宗懋書中所言之『唐代的平均氣溫較宋代要高約二至三度左右』，明顯有其不妥之處。

詳細資料請參照鄒逸麟，《中國歷史地理概述》（上海：上海教育出版社，2007），頁 15〜17。

津、綠芽、龍溪、雨前、雙井、蒙頂、日鑄、寶雲等，皆是當時的散茶名品。〔註38〕歐陽修因有功且得皇帝賞識，加之朋友眾多的關係，使其除了擁有皇帝所賞賜的頂級團茶之外，還有一些上等散茶。文人手中同時擁有團茶、散兩種茶型，這在宋代是常見的情形，然而，他們所擁有的團茶、散茶數量多寡，以及團茶、散茶的品等，與其身分地位有很密切的關係。當然，絕大多數文人所擁有的茶，除了友人贈予，以及從官方專賣機構少量購買之外，茶中的貢茶精品大多是爲官者才有可能取得，也因此，同時擁有團茶、散茶，且還擁有當中之精品的文人，人數不多。歐陽修正是少數擁有團茶、散茶及其中貢茶精品的文人之一，至於其取得這些茶的方式，主要有皇帝因功或因節日賞賜，以及朋友贈予兩種。

　　歐陽修手中的散茶，據其詩文中所述，主要有雙井白芽、蒙頂茶等。雖然有關散茶的詩文，歐陽修寫得不多，但還是可以從中看出其與散茶之間的緣分關係。在〈雙井茶〉詩中，其便對雙井茶的種種作了說明：

> 西江水清江石老，石上生茶如鳳爪。
> 窮臘不寒春氣早，雙井芽生先百草。
> 白毛囊以紅碧紗，十斤茶養一兩芽。
> 長安富貴五侯家，一啜猶須三日誇。
> 寶雲日鑄非不精，爭新棄舊世人情。〔註39〕

此詩是歐陽修在北宋仁宗嘉祐六年（西元 1061 年）任參知政事時所作。詩中內容充分地表達出雙井茶的產地、型態、茶芽產出時間等訊息，以及與其他茶類價格相比的高低。此外，詩句中所提到的「西江」一詞，乃爲唐代所流傳下來的說法，指的其實是長江中下游地區。雙井茶的產出地洪州，位於現今中國大陸江西省南昌市附近，這個地區剛好地處長江中下游一帶，換言之，此詩中的西江，指的正是位在江南西路洪州附近的長江支流地區，亦即現今的鄱陽湖流域。

　　於〈宋詩より見た宋代の茶文化〉一文中，高橋 忠彥對此詩亦有作出解釋。〔註40〕高橋先生認爲，雙井茶在宋代世人眼中頗受尊崇流行的情形，雖

〔註38〕　〔元〕脫脫等著，《宋史》，卷一百七十四，志第一百二十七，〈食貨上（二）〉，頁 1987～1988。

〔註39〕　〔宋〕歐陽修撰，李逸安點校，《歐陽修全集》，《居士集》卷九，〈雙井茶〉，頁 141。

〔註40〕　〔日〕高橋 忠彥，〈宋詩より見た宋代の茶文化〉，《東洋文化研究所紀要》

被歐陽修以詩文記載了下來，但由於其是採取近似批評的語氣書寫，同時也提到與雙井茶同為散茶貢品的寶雲、日鑄二茶並不是因為品質差，而是由於人們追求流行的關係，所以才不被人們傳頌，故可從中得知，歐陽修對世人追求流行的不屑。關於這個說法確實有其正確性，但宋代人們追求雙井茶，造成社會流行的原因，與當時的社會風氣，過分講求自然（尤其是在藝術、器皿等方面）、精緻（食物方面），有很大的關係。

從上一節所提到的團茶精品，至本節所言之製茶材料，我們可以看出，宋代在製茶方面講求頗多，特別是團茶，除了材料上要求最優質之外，在製作上亦講求細緻，這點可從現今所存的宋代茶書及製茶器具看出一二。此外，散茶在製作技術雖上不比團茶繁複，但在製作材料的選擇方面，卻與團茶不分軒輊，尤其是頂級散茶，在選材方面更是與團茶的貢尖相當，也因此散茶的地位在宋代雖然不若團茶，但還是有不少文人雅士趨之若鶩。

除了雙井茶之外，歐陽修也在其詩文中提到揚州茶。揚州茶所指的，其實就是〈雙井茶〉一詩中所提到的寶雲、日鑄這兩種茶，當然，這兩種茶並不是揚州茶的全部種類，只是其中的代表名品。歐陽修在〈和原父揚州六題‧時會堂二首〉中，對揚州茶上貢的情形做了一些說明：

積雪猶封蒙頂樹，驚雷未發建溪春。

中州地暖萌芽早，入貢宜先百物新。〔註41〕

憶昔嘗修守臣職余嘗守揚州，歲貢新芽，先春自探兩旗開。

誰知白首來辭禁，得與金鑾賜一杯。〔註42〕

這兩首詩中所提及的蒙頂和建溪，分指四川路蒙山所產的蒙頂茶，以及福建路建州所產的茶。至於中州，如按其原本的意思「天下之中」來解釋，在這裡指的就並非為河南，而應該是揚州，之所以會如此，主要原因有兩項。

一般在看到中州一詞時，大多都會認為此指古人所云之中原，也就是河南，這主要是取其在國家領地的中心位置之意。然而，宋代因國家領土偏南且河南一帶是為京畿之故，因此，當時河南的代稱自然就不是中州，取而代之的是京畿，這是其一。

第一百一十五冊，頁71。

〔註41〕〔宋〕歐陽修撰，李逸安點校，《歐陽修全集》，《居士集》卷十三，〈和原父揚州六題‧時會堂二首〉，頁214。

〔註42〕〔宋〕歐陽修撰，李逸安點校，《歐陽修全集》，《居士集》卷十三，〈和原父揚州六題‧時會堂二首〉，頁214。

　　再者，北宋茶葉產地如上節所言，主要分布在江淮以南的地域，河南，亦即北宋京畿路、京西南路、京西北路一帶，除信陽、固始東南部、羅山、商城等四地（這些地區於唐宋時期被畫入淮南產茶區）外，其他府州軍都不屬於茶產範圍，因此，此詩中的「中州」，更加不可能用以說明整個河南地區。所以，如從產茶地區加之宋代領土中心地帶這兩點，以及歐陽修於第二首詩中的註解提到其曾任揚州官職等情況來進行判斷，中州一詞用揚州來解釋是比較恰當的。

　　淮南一帶所產的散茶，除前段所言的日鑄、寶雲二茶外，尚有陽羨、紫筍、徑山、天目、六安……等茶，在此不多表述。然而，從歐陽修所寫的詩文當中我們可以發現，在淮南地區所產的茶型，以揚州附近的日鑄、寶雲，還有洪州的雙井茶在宋代最為出名。至於四川散茶，則以蒙山蒙頂茶最為人知。

　　四川蒙頂茶的上貢歷史始自唐代，上貢類型有團茶與散茶兩種，其中在散茶上貢的部分，陳宗懋於《中國茶經》提到了蒙頂茶的整個上貢過程：春茶芽發、擇選吉日、著朝服領僚屬寺僧上山祭拜、燒香祭拜、採摘三百六十葉、送茶僧炒製……總工序約十一道，所製成的茶稱為「正貢」，這是該年首次採摘製作的茶，專供皇帝祭祀使用。稍後採製者，才是供皇室使用的。〔註43〕如此繁複的製作過程，雖然今日已不復見，但我們還是可以從資料中得知，其在皇室祭典中所佔的地位。

　　至於寶雲、日鑄二茶，則是與雙井茶一同盛行於宋代，以產地來命名的散茶。日鑄茶出於浙江紹興日鑄嶺，是在清明前後所採摘製成的茶。至於寶雲茶，則是出自浙江杭州寶雲山，此地為現今西湖龍井的產地之一，主要是在穀雨之前採摘製成。雙井茶產於洪州，在這四種茶中雖屬上貢最晚的，但因為倍受歐陽修及黃庭堅等文人推崇的關係，名氣並不比其他三種茶小，甚至更為響亮。

　　雙井茶在北宋尤受文人推崇，這點我們可以從歐陽修所著〈歸田錄〉看出端倪。該文寫道：

　　　臘茶出於劍、建，草茶盛於兩浙，兩浙之品，日鑄為第一。自景祐已後，洪州雙井白芽漸盛，近歲製作尤精，囊以紅紗，不過一二兩，以常茶十數斤養之，用辟暑濕之氣。其品遠出日鑄上，遂為草茶第

〔註43〕陳宗懋，《中國茶經》，頁138。

一。〔註44〕

以一般茶的十數斤來養出雙井茶一、二兩，這看在現代人的眼裡，只能用不可思議來形容，尤其還用紅紗囊起裝妥，更顯出其頗爲貴重。

歐陽修雖在詩文中提及上述四種散茶，但他手中所擁有的散茶，可能以雙井茶爲主。會有如此推測的原因，主要在於其所提及的散茶中，以雙井茶的介紹最爲詳細。換言之，如果沒有擁有此種茶，甚至熟悉製茶過程，是不可能寫出如此詳細之詩文的。此外，在歐陽修的詩文中，雖無提及其手中雙井茶的贈與者爲何人，但如就梅堯臣所著詩〈晏成續太祝遺雙井茶五品茶具四枚近詩六十篇因以爲謝〉中，「始於歐陽永叔席，乃識雙井絕品茶」〔註45〕一句來看，則歐陽修獲得雙井茶的時間，應在北宋仁宗至和二年（西元 1055年）以前（此詩寫於仁宗至和二年），且很有可能是其友人所贈，但該位友人是誰則不得而知。

雙井茶的盛名雖使日鑄、寶雲、蒙頂等茶之名氣略減，但在品質上，日鑄等茶並不見得會比雙井茶差。歐陽修在〈和原父揚州六題・時會堂二首〉中寫到「誰知白首來辭禁，得與金鑾賜一杯」〔註46〕，如搭配此詩前句的解釋「余嘗守揚州，歲貢新芽」來看，可以得知在朝廷中頂級散茶的用途，主要是用來作爲賞賜給告老還鄉的官員之賜物。歐陽修在其任官期間，曾負責有關揚州茶的上貢事宜，因此宋仁宗在其辭官歸鄉時賞賜予揚州茶，或許正是因爲揚州茶對歐陽修來說，具有特別的意義。

〔註44〕〔宋〕歐陽修撰，李逸安點校，《歐陽修全集》，《歸田錄》卷一，頁 1915。

〔註45〕〔宋〕梅堯臣著，朱東潤編年校注，《梅堯臣集編年校注》（上海：上海古籍出版社，2006），《宛陵文集》卷二十五，〈晏成續太祝遺雙井茶五品茶具四枚近詩六十篇因以爲謝〉，頁 813。

〔註46〕〔宋〕歐陽修撰，李逸安點校，《歐陽修全集》，《居士集》卷十二，〈和原父揚州六題・時會堂二首〉，頁 214。

第三章　歐陽修以茶會友

　　歐陽修交友廣泛，這點可從《歐陽修全集》中所收載的詩文書信，以及日本天理大學所藏之九十六封書簡中看出端倪。然而，若從收信者、信件數量以及書信內文、唱和詩句等方面進行統計，則歐陽修以茶當作贈品，並且在詩文書信中與之討論有關茶事內容之人，當以梅堯臣為最。

　　書信的種類大抵可分為書、書簡二類，其中書的篇幅較長，內容大多討論政治哲理，少部分為問候敘情。書簡則長短不一，但大多以短潔問候為主，故在討論此部分時，筆者主要著重於唱和詩句及書簡資料，並佐以其他文人著作中，與歐陽修、茶這兩點相關的詩文來加以進行探討。

第一節　歐陽修以茶與其他文人、道佛者相交

　　宋代因飲茶風氣昌盛的關係，使茶在人與人之間的互動，尤其是在文人交遊過程中所扮演的角色頗為重要。而為使茶在社會上所扮演的角色得以發揮作用，文人之間常會有互相邀約飲茶、鬥茶，甚至是贈茶的行為出現。在此情況之下，歐陽修與友人之間以茶互動的行為，便大抵可分為贈茶、茶具和鬥茶、品茗兩種。

　　在與歐陽修相互交遊的文人裡面，有多位常贈茶、茶具、茶詩、茶文等予歐陽修，或與其相互唱和詩歌，這當中包括尹洙（字師魯）、杜衍（字世昌）、劉敞（字原父，一作原甫）、梅堯臣（字聖俞）、蔡襄（字君謨）等人。另外，歐陽修與道佛者之間亦有思想、創作等方面的討論往來，這點可由其茶詩中看出端倪。

　　歐陽修交友廣泛，因此在其文集所收錄的書信（約四百七十篇），以及日本天理大學所藏之歐陽修九十六篇書簡中，除了家書之外，多為與友人聯絡的信件。其中，附贈茶寄予友人的書信，扣除與梅堯臣及蔡襄的部分，大抵有十二篇，而贈送茶具的書信則有二篇。在這些書信的收件人當中，又以韓絳、常秩、蘇殿丞、裴煜（字如晦）等人與歐陽修有相互贈茶的活動，杜衍、陳力二人則是贈送與歐陽修茶具。此外，在詩文中有提及贈茶、贈茶具一事的，則有詩二首。至於劉敞，則是與歐、梅二人各有一組六則茶詩唱和。

　　在茶的寄贈方面，有些書信中所附的茶，種類不只一種，例如〈與韓獻肅公書〉中，就有「茶三二種，托賢弟致達，勿罪少。」（註1）一句。宋代私人之間的書信往來方式，大多是託人送達，驛站所負責的，是官方信函，也因此，書信中的「托……致達」、「……送上」等字樣，為的就是避免出現送信人送錯或偷取信中所附物品的情況發生，而此處的「勿罪少」，應是一謙虛之詞。

　　暫且不就茶的數量來談，「茶三二種」，在宋代如此一個飲茶文化發展興盛的時代，從種類上來講這雖然並不能說多，但也絕不能說少，因宋代的茶葉販賣完全掌控在朝廷手上，民間人士要買茶者，除了需花上一定的金額外，還必須有相關的證明才可以買茶，而文人任官者雖然取得好茶的機會較民間百姓要多些，但因品等越高的茶，價格就相對越貴之故，使這些為官者也就只會在南郊大禮舉行，或者向皇帝告老還鄉時，才有可能被賞賜頂級茶一二，但這也是惟有當上朝廷命官的文人，才可能會遇到的情況。

　　至於其他非朝廷官員的文人若想取得好茶，除了等朋友寄贈外，就只能前往官方販賣之地點購買，因此，歐陽修在信中所提及的「茶三二種，……，勿罪少」雖然是一種謙虛的說法，但以當時的環境而言，這贈茶的茶型種類已經算多。此外，於〈與常待制書（三）〉中，歐陽修亦有提到「茶少許，聊助待賓，輕浼，惶恐。」（註2）與前篇書信相同，此書信中並沒有說明清楚茶的數量，只道「少許」，但在有關茶的功能上，卻很明確的表示出了「聊助待賓」，也就是用於款待賓客上。由此可見，在宋代，人們招待賓客時所

〔註1〕〔宋〕歐陽修撰，李逸安點校，《歐陽修全集》，《書簡》卷二，〈與韓獻肅公書〉，頁2368。

〔註2〕〔宋〕歐陽修撰，李逸安點校，《歐陽修全集》，《書簡》卷五，〈與常待制書〉，頁2432。

用的飲品，除了酒外，以茶爲主。

　　相比於上述兩篇，歐陽修在〈與費縣蘇殿丞書（一）〉中所提及的「舊用龍尾硯一枚、鳳茶一斤，聊表意」〔註3〕就很明確地說出了所送之茶的數量，雖不確定原因爲何，但如就當時茶品的高低來看，則很有可能是因爲前二篇書信中所送的茶品等較高，故數量較少，而龍、鳳團茶因於宋仁宗朝時已降下等次，所以數量較多，得以用斤計算。

　　另外，在〈與裴學士書〉中，歐陽修曾言「茶須嘗，方敢致謝」，〔註4〕從這裡便可得知，並不是只有歐陽修會贈茶予友人而已，其友人亦會將茶互贈予他，而爲了表示尊重與感謝，收件者如信件中有附茶，則會在嚐過信件中所附的茶後再加以致謝。在致謝的方式上，主要有贈送茶詩或贈茶、茶具二種，〈答杜相公惠詩〉便是一例。

　　〈答杜相公惠詩〉是歐陽修在宋仁宗皇祐三年（西元1051年）時所做，所謂的「惠」，乃是指「惠贈」，亦即他人贈送物品予自己的意思，而該詩中提及「藥苗本是山家味，茶具偏於野客宜」，〔註5〕其實是歐陽修所回贈給杜衍的物品。因受他人惠贈，於是便會想回贈予寄件者，這是一種人之常情，而通常收件者所回贈的物品多以貴重、實用爲主，茶和茶具中的精品，正是屬於適合當作贈物和回贈物中的一種，因此雖然「茶具偏於野客宜」，但拿著精美且製作極好的茶具，攜著好茶，前往山野鄉間泡茶，藉以享受山水之間的悠閒，這對宋代文人而言，無非是一樂事。

　　贈送茶具予人一事，於宋代並不少見，歐陽修〈與陳比部書（三）〉中提到「惠茶籠，所作極精至」，〔註6〕另外其於〈與陳比部書（二）〉中亦有提到「辱惠茶具，甚精奇，多荷多荷」。〔註7〕由此可知，宋人不只對茶有著嚴格的要求，對茶具也是一樣，而茶具主要貴在精奇精美，越是精美的茶具，價

〔註3〕　〔宋〕歐陽修撰，李逸安點校，《歐陽修全集》，《書簡》卷七，〈與費縣蘇殿丞書〉，頁2472。

〔註4〕　〔宋〕歐陽修撰，李逸安點校，《歐陽修全集》，《書簡》卷八，〈與裴學士書〉，頁2500。

〔註5〕　〔宋〕歐陽修撰，李逸安點校，《歐陽修全集》，《居士集》卷十二，〈答杜相公惠詩〉，頁199。

〔註6〕　〔宋〕歐陽修撰，李逸安點校，《歐陽修全集》，《書簡》卷九，〈與陳比部書（三）〉，頁2512。

〔註7〕　〔宋〕歐陽修撰，李逸安點校，《歐陽修全集》，《書簡》卷九，〈與陳比部書（二）〉，頁2512。

格也就越高，這便造成除了茶的改良外，茶具的製作方式，包括釉料、燒製方式、壓模花樣等也跟著有了改良。

歐陽修除了與梅堯臣唱和詩文外，也與劉敞及梅摯二人相互唱和。歐、劉兩人的唱和詩文出於北宋仁宗嘉祐二年，原爲「揚州五題」，因歐陽修多作〈蒙谷〉一詩，因此成爲〈和原父揚州六題〉，梅堯臣文集中亦有此和詩。該六題依序是〈時會堂二首〉、〈自東門泛舟至竹西亭登昆丘入蒙谷戲題春貢亭〉、〈竹西亭〉、〈昆丘台〉、〈蒙谷〉，所謂六題，是包含了時會堂的二首，共爲六首，其中〈自東門泛舟至竹西亭登昆丘入蒙谷戲題春貢亭〉又稱〈春貢亭〉。如從題面來看，劉敞〈揚州五題〉所說的事物，乃爲揚州茶，該詩全文如下：

〈時會堂二首〉

雪霽蒼山未有塵，陽涯氣色已含春。

不關南國年芳早，自爲東藩欲貢新。

江湧岷山萬里來，地蟠昆嶺百尋開。

故移蒙頂延年味，共獻無窮甘露杯。〔註8〕

〈自東門泛舟至竹西亭登昆丘入蒙谷戲題春貢亭〉

泛泛扁舟春水平，綠萍白芷欲齊生。

王孫自喜山中客，莫唱淮南招隱聲。〔註9〕

〈自東門泛舟至竹西亭〉

萬竿蒼翠隔晴川，寂寞蕪城三百年。

此地重聞歌吹髮，揚州風物故依然。〔註10〕

〈昆丘台〉

重巒似欲學層城，上有帝釁人不行。

訪古尋幽復觀化，垂楊生肘未曾驚。〔註11〕

〔註8〕 〔宋〕劉敞，《公是集》，（台北：新文豐出版社，1984），卷二十九，〈時會堂二首〉，頁345。

〔註9〕 〔宋〕劉敞，《公是集》，卷二十九，〈自東門泛舟至竹西亭登昆丘入蒙谷戲題春貢亭〉，頁337。

〔註10〕 〔宋〕劉敞，《公是集》，卷二十九，〈自東門泛舟至竹西亭〉，頁337。

〔註11〕 〔宋〕劉敞，《公是集》，卷二十九，〈昆丘台〉，頁344～345。

歐陽修對此五首詩的唱和全文如下：

〈時會堂二首〉

積雪猶封蒙頂樹，驚雷未發建溪春。

中州地暖萌芽早，入貢宜先百物新。

憶昔嘗修守臣職，先春自探兩旗開。

誰知白首來辭禁，得與金鑾賜一杯。〔註12〕

〈自東門泛舟至竹西亭登昆丘入蒙谷戲題春貢亭〉

昆丘蒙谷接新亭，畫舸悠悠春水生。

欲覓揚州使君處，但隨風際管弦聲。〔註13〕

〈竹西亭〉

十里樓台歌吹繁，揚州無復似當年。

古來興廢皆如此，徒使登臨一慨然。〔註14〕

〈昆丘台〉

訪古高台半已傾，春郊誰從彩旗行。

喜聞車馬人同樂，慣聽笙歌鳥不驚。〔註15〕

〈蒙谷〉

一徑崎嶇入谷中，翠條紅刺冒春叢。

花深時有人相應，竹密初疑路不通。〔註16〕

從這一組和詩可以看出歐、劉二人之間的交誼。揚州茶在宋代雖不若團茶名貴，但亦屬於當時的名茶，自然也就有上貢之額分，而劉敞與歐陽修先後任知揚州職，該職除了負責處理地方事務外，還須負責有關貢茶的入貢事宜，

〔註12〕〔宋〕歐陽修撰，李逸安點校，《歐陽修全集》，《居士集》卷十三，〈和原父揚州六題〉，〈時會堂二首〉，頁214。

〔註13〕〔宋〕歐陽修撰，李逸安點校，《歐陽修全集》，《居士集》卷十三，〈自東門泛舟至竹西亭登昆丘入蒙谷戲題春貢亭〉，頁214。

〔註14〕〔宋〕歐陽修撰，李逸安點校，《歐陽修全集》，《居士集》卷十三，〈竹西亭〉，頁214。

〔註15〕〔宋〕歐陽修撰，李逸安點校，《歐陽修全集》，《居士集》卷十三，〈昆丘台〉，頁214。

〔註16〕〔宋〕歐陽修撰，李逸安點校，《歐陽修全集》，《居士集》卷十三，〈蒙谷〉，頁215。

也因此歐陽修才會在〈時會堂二首〉中寫到「憶昔嘗修守臣職，先春自探兩旗開」一句。題中所言及之時會堂和春貢亭，於宋代當時是負責製造貢茶、處理貢茶入貢事宜的處所，而竹西亭、昆丘台等地，則是在春貢亭、時會堂附近的景點。

揚州茶是一個通稱，泛指江浙地區所產的茶，也因此，雙井、日鑄、寶雲等茶，都可以算是揚州茶的範圍，而歐、劉二人都曾因爲任職的關係而接觸過揚州茶，這也就使得他們對揚州茶擁有一種特殊情感，而這種情感在其寫詩時，便自然而然的流露於詩句當中。

除上述唱和茶詩之外，歐陽修、梅堯臣與梅摯三人的應和茶詩，有〈嘗茶〉、〈嘗茶和公儀〉、〈和梅公儀嘗茶〉三首。此三首詩的寫作年代，在歐陽修與梅堯臣之唱和詩文〈嘗新茶呈聖俞〉等四首詩的前一年，也就是宋仁宗嘉祐二年（西元 1057 年），但由於收載〈嘗茶〉一詩的《唱和詩集》今已亡佚之故，因此，今人只能從歐陽修與梅堯臣所作之和詩中，了解〈嘗茶〉一詩的基本結構。該二首詩的內容如下：

〈嘗茶和公儀〉

都藍攜具向都堂，輾破雲團北焙香。

湯嫩水輕花不散，口甘神爽味偏長。

莫夸李白仙人掌，且作盧仝走筆章。

亦欲清風生兩腋，從教吹去月輪旁。〔註17〕

〈和梅公儀嘗茶〉

溪山擊鼓助雷驚，逗曉靈芽發翠莖。

摘處兩旗香可愛，貢來雙鳳品尤精。

寒侵病骨唯思睡，花落春愁未解醒。

喜共紫甌吟且酌，羨君瀟灑有餘清。〔註18〕

此二首詩的著重點皆在建茶。如前所述，福建北苑茶園所產之團茶，對宋代的文人百姓而言，是當時品等最佳的茶，因此，若手中能夠擁有一些建茶，不管是對文人也好，百姓也好，都是一件極爲風光的事。歐陽修身爲兩府高

〔註17〕《梅堯臣集編年校注》，《宛陵文集》卷二十七，〈嘗茶和公儀〉，頁 929～930。
〔註18〕〔宋〕歐陽修撰，李逸安點校，《歐陽修全集》，《居士集》卷十二，〈和梅公儀嘗茶〉，頁 209～210。

官，因編纂《新唐書》之故，受宋仁宗賞賜鳳團茶，且此賞賜於後來成了常例，所以，相較於其他官員，歐陽修手中的團茶，至少在鳳團的數量上，是比其他人要多些的。另外，梅堯臣詩中所說的「都藍」，真正的名稱應該是「都籃」，那是一種以竹片編製而成，用以放置全部泡茶器具的物品。〔註19〕因此，若以功能來做判斷，則詩中所寫的「都藍攜具向都堂，輾破雲團北焙香」，指的應該是梅堯臣提著茶具去訪友，一邊泡茶品茗一邊談天的事，至於其都籃攜具尋何人，則應該就是歐陽修或梅摯。但由於此二首詩皆為梅摯〈嘗茶〉一詩的唱和，而〈嘗茶〉詩今日已經亡佚的關係，故此處所訪之友到底為何人，實在不得而知。

　　歐陽修除與其友人進行交遊外，亦與道教人士相交。〈送龍茶與許道人〉一詩，便是其與道教人士相交之一例。該詩是歐陽修於北宋神宗熙寧元年（西元 1068 年）知亳州時所作。許道人究竟為何人，此詩中並無說明，但如就詩中所言之「潁陽道士」以及「九龍泉」二詞來看，指的應是隱居於潁陽玄都觀裡的道士許真人。該詩內容如下：

> 潁陽道士青霞客，來似浮雲去無跡。
> 夜朝北斗太清壇，不道姓名人不識。
> 我有龍團古蒼壁，九龍泉深一百尺。
> 憑君汲井試烹之，不是人間香味色。〔註20〕

歐陽修的宗教立場，如就其詩文來看，可說是不怎麼明顯。因此，在《歐陽修全集》中，有時會看到他與佛、道者相互往來時所寫的詩句，而與之往來頻繁者，亦會被其贈茶，以作為聯繫友誼的方式。由於小龍團茶、小鳳團茶的數量稀少，且歐陽修手中所擁有之數量不多的關係，故在將茶贈送予人時，其大多會選擇之前所收到較多的團茶，如龍、鳳團等。

　　龍團別名「蒼壁」，取的是其顏色與形狀之意，歐陽修取龍團贈與他人，並且希望收者可以「試烹之」，便是因為其想將自身所擁有的，且常飲用的好茶與人分享。而除了與道教人士相交外，歐陽修亦與佛界人士有所往來，〈智蟾上人遊南岳〉便是其與佛界人士往來的例子。該詩內容如下：

〔註19〕〔唐〕陸羽等著，宋一明譯註，《茶經譯註》（外三種），《茶經》，〈四之器〉，頁 30。

〔註20〕〔宋〕歐陽修撰，李逸安點校，《歐陽修全集》，《居士集》卷九，〈送龍茶與許道人〉，頁 146。

終日念雲壑，南歸心浩然。

青山入楚路，白水望湖田。

野渡惟浮鉢，山家少施錢。

到時春尚早，收茗綠巖前。〔註21〕

此詩的內容雖然沒有提及飲茶，但由於詩的末句有提到「收茗綠巖前」，因此，從這裡可以做出判斷，佛界人士可能有自行採茶，甚至在寺院中種茶的行為。歐陽修是否有送茶與智蟾上人，這點從詩文中並沒有辦法看出，但從這首詩所表達的內容來看，歐陽修應曾去找智蟾上人品茗聊天。

不管是對文人還是對道佛人士，凡是與自己交情深厚者，歐陽修在見面或者寄送書信的時候，基本都會附上贈物，而贈物中的茶，對於歐陽修及其友人而言，不只是用以增加思維的飲品，更是用以聯繫濃厚友情的物品，這可謂是除了茶本身的效用之外，茶在社交上的另一功用。

第二節　歐陽修與梅堯臣以茶相交

與歐陽修交好的文人中，以梅堯臣和蔡襄兩人為最。歐陽修、梅堯臣以及蔡襄三人所身處的北宋中葉，正好是團茶大興、散茶始盛的時期。這並不是說散茶在北宋之前沒有出現，只是在團茶的強勢發展下，散茶只能作為品等較次的茶來進行發展。如此情況到了宋仁宗時，因為飲茶方式、茶類價格、製茶方式改變、飲茶風氣普及等因素，使團茶在宋代以後之飲茶文化的決定性發展，開始出現緩慢而漸進的變化。這些在宋代所產生的改變，對後代飲茶文化發展之影響並非立即的，但倘若要研究的是南宋，甚至是元代的飲茶文化，那就一定得注意到這個部分。

於宋代所出現的，有關飲茶文化的變革，除了在品飲和製作方式上的差異外，尚有用途上的變化。茶在中國文化上所扮演的角色，如前章所述，主要是供人飲用、贈送友邦、獎勵大臣等。而皇帝所賜與的茶，受賜者除了在朋友來訪時拿出，以供傳玩鑑賞外，還會與朋友分享飲用甚至是互贈。

茶在中國文人文化中所佔有的地位頗高，主要原因之一在於茶具有提神醒腦、促進思維的功效。此功效對文人而言是很重要的，因為無論是在寫作

〔註21〕〔宋〕歐陽修撰，李逸安點校，《歐陽修全集》，《居士集》卷十，〈智蟾上人遊南岳〉，頁153。

文章還是討論政事上，思維都一定要相當清楚，而茶本身具有上述功效，這也就導致了文人好茶的現象發生，例如陸羽、盧仝、白居易等，皆是唐代有名的茶人，其中陸羽於《茶經》內文提及「茶之為用，味至寒，為飲，最宜精行儉德之人。若熱渴、凝悶、腦疼、目澀、四肢煩、百節不舒，聊四五啜，與醍醐、甘露抗衡也。」〔註22〕即說明了文人好茶的根本原因。這種好茶的現象在唐代皇帝開始賜茶予大臣以後，更是有增無減。

到了宋代，由於社會風氣等因素，上至朝廷，下至百姓，幾乎都以飲茶為好，故使街上茶館大興，皇帝以好茶為賜物，文人更是以著作茶詩、茶文為樂。在這當中，歐陽修與梅堯臣的唱和茶詩，以及歐陽修為蔡襄所著茶書《龍茶錄》所寫的序、跋尤為引人注目。

歐陽修與蔡襄的情誼始自北宋仁宗天聖八年（西元 1030 年），兩人同考上進士起，因在任官期間多有所交流的關係，故此二人的歲數雖相差五歲有餘，卻不會影響到彼此之間的情誼。而梅堯臣雖無考上進士第，但也因為文名遠播，加之其於五十歲後被宋仁宗授予同進士出身，得以出任中央職務之故，使其與歐、蔡二人之間得以相互交遊的更加熱絡，這點可從三人所著之詩文中看出。

在《歐陽修集》、《宛陵文集》、《蔡襄全集》和一些相關的拾遺著作中，所收錄有關茶的詩文各為四十餘篇首、五十餘篇首和十餘篇首，其中，歐陽修與梅堯臣的唱和茶詩有二組六首。另外，於詩文中提及三方字號者，則有二十篇首，當中含提及歐陽修的共七篇首，提及梅堯臣的共八篇首，提及蔡襄的有五篇首。

歐、梅二人的唱和茶詩，內容基本環繞在團茶上，其中歐陽修的〈嘗新茶呈聖俞〉、〈次韻再作〉，以及梅堯臣所著之〈次和韻〉、〈次韻和再拜〉等四首詩，除了將建茶的來源和製作方式詳加記述外，更將時人追求好茶的情況、飲茶的方式等，做了清楚的敘說。該四首詩的內文如下：

〈嘗新茶呈聖俞〉

建安三千里，京師三月嘗新茶，

人情好先務取勝，百物貴早相矜誇。

年窮臘盡春欲動，蟄雷未起驅龍蛇。

〔註22〕〔唐〕陸羽等著，宋一明譯註，《茶經譯註》（外三種），《茶經》，〈一之源〉，頁 7。

夜聞擊鼓滿山谷，千人助叫聲喊呀。

萬木寒癡睡不醒，唯有此樹先萌芽。

乃知此爲最靈物，宜其獨得天地之英華。

終朝採摘不盈掬，通犀銙小圓復窊。

鄙哉穀雨槍與旗，多不足貴如刈麻。

建安太守急寄我，香蒻包裹封題斜。

泉甘器潔天色好，坐中揀擇客亦嘉。

新香嫩色如始造，不似來遠從天涯。

停匙起盞試水路·拭目向空看乳花。

可憐俗夫把金錠，猛火炙背如蝦蟆。

由來眞物有眞賞，坐逢詩老頻咨嗟。

須臾共起索酒飲，何異奏雅終淫哇。〔註23〕

〈次和韻〉

自從陸羽生人間，人間相學事春茶。

當時採摘未甚盛，或有高士燒竹煮泉爲世誇。

入山乘露掇嫩觜，林下不畏虎與蛇。

近年建安所出勝，天下貴賤求呀呀。

東溪北苑供御餘，王家葉家長白芽。

造成小餅若帶銙，鬭福鬭色傾夷華。

味甘迴甘竟日在·不比苦硬令舌窊。

此等莫與北俗道·只解白土和脂麻。

歐陽翰林最別識，品第高下無欹斜。

晴明開軒碾雪末，眾客共賞皆稱嘉。

建安太守置書角，清蒻包封來海涯。

清明纔過已到此，正見洛陽人寄花。

兔毛紫盞自相稱，清泉不必求蝦蟇。

石缾煎湯銀梗打，粟粒鋪面人驚嗟。

詩腸久飢不禁力，一啜入腹鳴咿哇。〔註24〕

〔註23〕〔宋〕歐陽修撰，李逸安點校，《歐陽修全集》，《居士集》卷七，〈嘗新茶呈聖俞〉，頁114。

〈次韻再作〉

吾年向老世味薄，所好未衰惟飲茶。

建溪苦遠雖不到，自少嘗見閩人誇。

每嗤江浙凡茗草，叢生狼藉惟藏蛇。

豈如含膏入香作金餅，蜿蜒兩龍戲以呀。

其餘品第亦奇絕，愈小愈精皆露芽。

泛之白花如粉乳，乍見紫面生光華。

手持心愛不欲碾，有類弄印幾成窊。

論工可以療百疾，輕身久服勝胡麻。

我謂斯言頗過矣，其實最能祛睡邪。

茶官貢餘偶分寄，地遠物新來意嘉。

親烹屢酌不知厭，自謂此樂真無涯。

未言久食成手顫，已覺疾飲生眼花。

客遭水厄疲捧椀，口吻無異蝕月蟆。

童奴傍視疑復笑，嗜好乖僻誠堪嗟。

更蒙酬句怪可駭，兒曹助噪聲哇哇。〔註25〕

〈次韻和再拜〉

建溪茗株成大樹，頗殊楚越所種茶。

先春喊山掐白蕚，亦異鳥觜蜀客誇。

烹新鬭硬要咬盞，不同飲酒爭畫蛇。

從揉至碾用盡力，只取勝負相笑呀。

誰傳雙井與日注，終是品格稱草芽。

歐陽翰林百事得精妙，官職況以登清華。

昔得隴西大銅碾，碾多歲久深且窊。

昨日寄來新鬐片，包以蒻葉纏以麻。

唯能賸啜任腹冷，倖免酪酊冠弁斜。

人言飲多頭顛挑，自欲清醒氣味嘉。

此病雖得優醉者，醉來顛踣禍莫涯。

〔註24〕　〔宋〕梅堯臣著，朱東潤編年校注，《梅堯臣集編年校注》，《宛陵文集》卷二
　　　　　十八，〈次和韻〉，頁1008～1009。

〔註25〕　〔宋〕歐陽修撰，李逸安點校，《歐陽修全集》，《居士集》卷七，〈次韻再作〉，
　　　　　頁115。

不願清風生兩腋，但願對竹兼對花。

還思退之在南方，嘗說稍稍能啗蒮。

古之賢人尚若此，我今貧陋休相嗟。

公不遺舊許頻往，何必絲管喧咬哇。〔註26〕

上述四首和詩寫於宋仁宗嘉祐三年（西元 1058 年），時年歐陽修五十一歲，梅堯臣五十七歲，分別任官於開封府（以翰林學士權知開封府）和尙書都官員外郎，由於此二職皆在北宋都城開封任官的關係，使兩人常有見面交往的機會。

〈嘗新茶呈聖俞〉以及〈次韻再作〉二詩筆者已於上一章說明內容，在此不多贅言。而從這四首詩的內容可以發現，宋人對團茶，尤其是建茶的追求，包含茶葉的採摘時節、製作方法、飲茶器皿、飲茶方式等，皆已達到吹毛求疵的地步。

於〈嘗新茶呈聖俞〉這四首詩中，歐、梅兩人針對時人不分貴賤皆追求建茶的情況做了描述，「鄙哉穀雨槍與旗，多不足貴如刈麻」、「近年建安所出勝，天下貴賤求呀呀」，這兩句便是用來說明此情況的。因穀雨在二十四節氣中，屬春季六節氣的末位，故在穀雨前後所長出的茶葉嫩芽，遠較立春至清明左右所出的多，導致了多不足貴的情形發生。但因爲穀雨之前所出的茶芽少，所製成之團茶價高，且大多進貢朝廷的關係，「物以稀爲貴」之結果，自然導致了「天下貴賤求呀呀」的情況，尤其是建茶，當時建茶之貴，可謂到了千金不得的地步。

由於歐陽修任官時巧遇南郊大禮，獲得宋仁宗的賞賜，加之友人中有不少人任職茶官的緣故，因此，其常收到建州地區所產的團茶，而從文集中所記載的茶型名稱來看，歐陽修所擁有的團茶品質，基本都是上品，當中又以小龍團最高。至於梅堯臣，從文集中雖然無法得知其是否有被皇帝賜茶，但若以所作之五十餘首茶詩裡，約有十六首爲收到他人贈茶後所寫的詩來看，梅堯臣手中所擁有的團茶品等，大致是從最頂級到七品都有，不過大抵上與歐陽修相同，都是以上等茶爲主。

因爲飲茶風氣盛行的關係，宋代對飲茶的方式要求頗多，其中又以茶色、茶水、茶沫、茶具等最爲要求，「停匙起盞試水路·拭目向空看乳花」、「兔毛

〔註26〕〔宋〕梅堯臣著，朱東潤編年校注，《梅堯臣集編年校注》，《宛陵文集》卷二十八，〈次韻和再拜〉，頁 1010。

紫盞自相稱，清泉不必求蝦蟇」、「泛之白花如粉乳，乍見紫面生光華」、「烹新鬪硬要咬盞，不同飲酒爭畫蛇」，這些詩句所說的，正是當時評定茶之好壞的重要依據。「試水路」、「乳花」、「白花如粉乳」、「咬盞」等詞，於宋代代表了茶沫的型態——好茶於沖泡後會泛起均勻細膩、色澤偏白的泡沫，且茶沫聚久不散，若茶葉的品質較差，則茶沫容易散去，茶盞與茶面相接的地方就會出現水痕，也就是水路。

　　宋代流行鬪茶，鬪茶的人數大抵在三、五人間，而在北宋時期，這種鬪茶的遊戲風靡於文人之間，因此，互有好茶的文人，時常會相邀約到其中一人的家中，或某一特定地點，如涼亭等處品茗、鬪茶，同時吟詩、作文。歐、梅二人之間是否曾有進行過鬪茶，這點在詩文中雖然沒有寫明，但若從中加以判斷，則此二人於任官期間，應時常相約品茗，且可能還曾經鬪過茶。

　　日本的高橋　忠彥先生於文章〈宋詩より見宋代の茶文化〉中，首先提及梅堯臣的茶詩，在這一篇文章中，其提及梅堯臣與歐陽修這四首唱和詩句〔註27〕，主要在點明以福建團茶爲主的點茶文化和民間煎茶之比較，同時對福建團茶多發讚揚。此外，其文中亦有提及歐陽修識茶高明一事。歐陽修識茶，這點可從其所著之《歸田錄》看出一二，然而，所謂識茶，除了要熟悉茶的品等外，還要對茶型、茶味等有所熟悉，也因爲如此，於宋一朝能被稱爲識茶者的，就只有對茶極爲熟悉之人，舉凡蔡襄、黃庭堅等便是。歐陽修因頗負盛名的關係，所收到的茶自然不在少數，因此，其才有足夠的條件成爲當時著名的識茶者之一。

　　歐陽修與梅堯臣相識的時間頗久，尤其是在宋仁宗嘉祐二年（西元 1057年），歐陽修任貢舉官，同時推薦梅堯臣爲參詳官後，因兩人身爲同僚的關係，唱和詩文自然就多。

　　於〈嘗新茶呈聖俞〉等四首詩中，歐、梅二人所提及的「北焙」、「建溪」，指的其實就是建州北苑茶園之茶焙。宋人飲茶講究茶的品質，而當時最好的茶主要來自於北苑，因此，對於宋代文人而言，擁有北苑茶是一件很光榮的事情。又，宋人飲茶亦講究水的品質，其中在部分詩文中有提到「水輕」一詞。「水輕」所代表的含意，即爲今人所言之「軟水」，古人認爲清冽且時常

流動的泉水最適合泡茶，因此才會有「山水上，江水中，井水下」〔註28〕的說法，且泡茶的水不宜煮久，以免變成「硬水」，影響茶味，且對身體健康不好，有關這一部分，筆者將於下一章作詳細說明。

除上述的茶品與水品之外，歐、梅二人亦於此四首詩中提及當時所盛行的茶具特色——尚黑。「兔毫紫盞」這個詞說明了宋代茶盞以黑釉爲主，之所以會如此，原因在於當時所盛行的點茶法，茶色並非如後世所流行的「清」，而是呈現淡青白且不透明的色澤，亦即詩文中所提之「白乳」。宋人爲了襯托出茶色，自然就不會選擇與茶色相近的青瓷、白瓷，而是選用當時稱爲「紫盞」的黑釉瓷。宋代黑釉瓷的主要產地之一在福建，因此「建茶配建盞」對當時的人而言，可說是一極大的享受。

梅堯臣於去世前十年（梅堯臣逝世於仁宗嘉祐五年，亦即西元 1060 年）起，飲茶的情況較往昔大增，所作之茶詩之數量亦有大幅度的增加，換言之，如以年歲作分界，梅堯臣在五十歲以前，所著茶詩共十九首，但五十歲後，到其逝世（六十歲）的十年間，其所作茶詩數量高達四十首。歐陽修於此時間點所作茶詩大約五首，且有半數爲與梅堯臣的唱和，可見這並不是巧合，而是因爲兩人任官的地點相同，才會有如此的情況發生。

此外，歐、梅兩人都曾被贈送散茶，且都有被贈送雙井茶，因爲如此，於此二人的文集裡，皆有與雙井茶相關的詩文，其中歐陽修作〈雙井茶〉一詩的時間是在仁宗嘉祐六年（西元 1061 年），而梅堯臣的〈晏成續太祝遺雙井茶五品茶具四枚詩六十篇因以爲謝〉則是作於仁宗至和二年（西元 1055 年），詩中提及其得知有雙井這種絕品茶，乃是始於歐陽修所開的茶席。該詩全文如下：

〈晏成續太祝遺雙井茶五品茶具四枚詩六十篇因以爲謝〉
始於歐陽永叔席，乃識雙井絕品茶。
次逢江東許子春，又出鷹爪與露芽。
鷹爪斷之中有光，輒成雪色浮乳花。
晏公風流丞相族，以此五色論等差。
遠走犀兵至蓬巷，清弱出篋封題佳。

〔註28〕〔唐〕陸羽等著，宋一明譯註，《茶經譯註》（外三種），《茶經》，〈五之煮〉，頁33。

紋栢冰甌做精具，靈味一啜驅昏邪。

神還氣王讀高詠，六十五篇金出沙。

已從鍛鍊出至寶，終老不便傳幽退。

自惟平昔所得者，何異瓦礫空盈車。

滌新洗腑強為答，愈苦愈拙徒興嗟。〔註29〕

歐陽修所擁有的雙井茶來源自何處，於其〈雙井茶〉一詩中並無提及，然而，若從上述詩句來加以推測，歐陽修取得雙井茶的時間甚早，而其在得到此茶後，曾經邀請梅堯臣與他一同品茗，因此才有「始於歐陽永叔席，乃識雙井絕品茶」一句。高橋先生於〈宋詩より見た宋代の茶文化〉中亦有提到相似的論述。〔註30〕不過，無論是團茶還是散茶，只要品等為上等的茶，於宋代幾乎都是輾研飲用的，這也就莫怪乎梅堯臣會對雙井茶有「鷹爪斷之中有光，輾成雪色浮乳花」的敘述。

　　歐、梅二人的交情極好，這點我們可從兩人互寄之詩文書信中得知一二，而在這些書信裡，兩人除了相互慰問道好外，亦會如其他文人一樣，互贈物品，或者相邀出遊。在這些事情當中，茶所扮演的地位與酒相當，一方面是歐、梅二人本身皆是好茶、好酒之人，對於手中握有好茶好酒一事，自然會藉機分享。另一方面則是因為，歐、梅二人於晚年時身體皆出現病症，為了健康，二人晚年遂甚少飲酒，大多飲茶。

　　在飲茶的過程中，歐、梅二人相互唱和詩文，這對他們二人而言，是一件樂事，也因為如此，在二人分任南北官職後，歐陽修才會寫出〈答聖俞〉、〈寄聖俞〉二詩，以對梅堯臣敘述離別後的心情。該二首詩如下：

〈寄聖俞〉

西陵山水天下佳，我昔謫官君所嗟。

官閑憔悴一病叟，縣古瀟灑如山家。

雪消深林自劚筍，人響空山隨摘茶。

有時攜酒探幽絕，往往上下窮煙霞。

岩蕨綠縟軟可藉，野卉青紅春自華。

〔註29〕〔宋〕梅堯臣著，朱東潤編年校注，《梅堯臣集編年校注》，《宛陵文集》卷二十五，〈晏成續太祝遺雙井茶五品茶具四枚近詩六十篇因以為謝〉，頁813。

〔註30〕〔日〕高橋忠彥，〈宋詩より見た宋代の茶文化〉，《東洋文化研究所紀要》第一百一十五冊，頁69～70。

風餘落蕊飛迴旋，日暖山鳥鳴交加。

貪追時俗玩歲月，不覺萬裏留天涯。

今來寂寞西崗口，秋盡不見東籬花。

市亭插旗鬥新酒，十千得鬥不可賒。

材非世用自當去，一舸聲牙揮釣車。

君能先往勿自滯，行矣春洲生荻芽。〔註31〕

〈答聖俞〉

人皆喜詩翁，有酒誰肯一醉之。

嗟我獨無酒，數往從翁何所爲。

翁居南方我北走，世路離合安可期。

汴渠千艘日上下，來及水門猶未知。

五年不見勞夢寐，三日始往何其遲。

城東輾河有名字，萬家棄水爲汙池。

人居其上苟賢者，我視此水猶漣漪。

入門下馬解衣帶，共坐習習清風吹。

濕薪熒熒煮薄茗，四顧壁立空無遺。

萬錢方丈飽則止，一瓢飲水樂可涯。

況出新詩數十首，珠璣大小光陸離。

他人慳一不可有，君家筐篚滿莫持。

才大名高乃富貴，豈比金紫包愚癡。

貴賤同爲一丘土，聖賢獨如星日垂。

道德內樂不假物，猶須朋友並良時。

蟬聲漸已變秋意，得酒安問醇與醨。

玉堂官閒無事業，親舊幸可從其私。

與翁老矣會有幾，當棄百事勤追隨。〔註32〕

上述此二首詩分別作於北宋仁宗寶元一、二年左右（西元 1038～1039 年）和仁宗嘉祐元年（西元 1056 年），亦即歐陽修與梅堯臣分別任職於兩地時所

〔註31〕〔宋〕歐陽修撰，李逸安點校，《歐陽修全集》，《居士外集》卷三，〈寄聖俞〉，頁 744。

〔註32〕〔宋〕歐陽修撰，李逸安點校，《歐陽修全集》，《居士集》卷六，〈答聖俞〉，頁 95。

作。仁宗寶元元年，梅堯臣入汴京，隔年出京與謝絳赴鄧州，後調知襄城縣。
歐陽修則於元年赴任乾德縣令，二年時復舊官職，並於該年年底暫待襄城。
因〈寄聖俞〉一詩並沒有標明寫作年代，故只可從其在文集中的位置，以及
詩文內容推測寫作時間，但歐陽修既然於題目上寫明『寄』字，這也就表示
此詩的寫作時間，並非在北宋仁宗寶元二年年底。又，該詩中寫及『西陵』
（夷陵又稱西陵）一詞，且提到『我昔謫官君所嗟』，從這裡可以判斷出，
歐陽修作此詩時，人應該是在夷陵，而其於仁宗寶元元年三月始赴乾德，換
言之，此詩應作於仁宗景祐三年五月之後，仁宗寶元元年三月之前。

　　再者，此詩被編在《居士外集》之卷三中，該卷所收的文章寫作年代始
於仁宗寶元年間，迄於仁宗慶曆年間，而歐陽修除在仁宗寶元元年三月以前
任官於夷陵外，其在仁宗寶元元年三月後轉知乾德縣令，於仁宗康定元年赴
滑州，並在該年年中被召還回京，後於仁宗慶曆二年九月再赴滑州，隔年三
月又再受召還，直至仁宗慶曆五年八月降知滁州，慶曆八年轉知揚州為止，
沒有再任夷陵附近地區之職官，因此，從這裡可知，〈寄聖俞〉一詩的寫作時
間，是在仁宗寶元元年正月至三月間。

　　歐陽修的官途並非十分平順，除任官於京之外，其亦有不少被貶官外調
的時候。不管是在外，亦或是於京任官，歐陽修都頗為重視友情的聯繫，〈寄
聖俞〉一詩，便是他寫給梅堯臣，與梅堯臣進行聯繫之詩文書信中的一則。
歐陽修於該詩中提到不少其在夷陵時的日常生活情形，而雖然梅堯臣曾為歐
陽修謫官一事感到慨歎，但如從此詩文中所透露出的涵義來看，則歐陽修對
於自己謫官至夷陵一事，並沒有抱持著太多埋怨的心態，反而以遊玩自得的
心態處世，「雪消深林自劚筍，人響空山隨摘茶。有時攜酒探幽絕，往往上下
窮煙霞。」便是這種心態的寫照。歐陽修之所以會寄此詩予梅堯臣，也許正
是因為梅堯臣對歐陽修這種謫官的遭遇，心感不平或者是深有感受，對此慨
歎不已的關係，歐陽修才會作出這首詩寄予他，表達出自己的想法。

　　相較於〈寄聖俞〉一詩，作於仁宗嘉祐元年的〈答聖俞〉（又名〈奉答聖
俞二十五兄見贈長句〉），則是歐陽修為答梅堯臣詩〈高車再過謝永叔內翰〉〔註
33〕所作。

　　梅堯臣於〈高車再過謝永叔內翰〉一詩中，表達了自己再次見到歐陽修

────────────

〔註33〕　〔宋〕梅堯臣著，朱東潤編年校注，《梅堯臣集編年校注》，《宛陵文集》卷二
　　　　十六，〈高車再過謝永叔內翰〉，頁 877。

後的心情，以及自身對爲學、生活方面的看法，並在詩的最後提出想與歐陽修一起歸隱於潁水的心思。而歐陽修對此所做的回應，是「與翁老矣會有幾，當棄百事勤追隨」，因擔心年老後還能見上幾次面的關係，對於梅堯臣的邀約，歐陽修是欣然應許的，而從此處便可以看出歐、梅二人的交情之深厚。

〈高車再過謝永叔內翰〉與〈答聖俞〉此二首對答詩作於仁宗嘉祐元年，梅堯臣時年五十五歲，歐陽修也已五十歲，在過去「五十知天命」、「人生七十古來稀」的情況下，此等年歲已算高齡，故就算出現想要辭官歸隱之心思也並不爲過。然而實際上，梅堯臣於該年秋後開始在汴京任職，就算其有心歸隱，也因受皇帝賞識的關係而無法辭官，這點與歐陽修晚年因病想要辭官，卻無法獲得皇帝同意之情況是一樣的。

除了對詩之外，歐陽修與梅堯臣間亦有不少書信往來。由於歐、梅二人皆與蔡襄有認識的關係，故在兩人的通信中，有時可以看見歐陽修詢問梅堯臣與蔡襄有關之事的文句。其中，在歐陽修寄給梅堯臣的書信之第三十七通裡，有「蔡君謨寄茶來否？」〔註34〕一句，從這句詢問可以得知，蔡襄常寄茶與友人，而他的友人包括了歐陽修與梅堯臣二位。

另外，在《歐陽修全集》中，〈與梅堯臣〉的第四十六封通信裡，歐陽修亦有提到「辱惠建茗，此誠近所難得，特爲珍貺也。然莫妨待客否？恐彼闕，當卻分納一半也。」，〔註35〕從這裡可知，建茶於北宋時期屬茶中珍品，取得不易，而歐陽修因受皇帝所賞識的關係，較容易取得建茶中的極品，因此，其常會將自己所擁有的建茶名品與友人分享，甚至贈送給友人。

第三節　歐陽修與蔡襄以茶相交

如上一節開篇所述，歐陽修與梅堯臣、蔡襄等人的關係甚爲友好，而其手中所擁有的茶，除了由皇帝因功賜與之外，尚有不少是由這些友人所寄贈。

與歐陽修關係極爲友好的蔡襄，於宋仁宗慶曆年間出任福建轉運使一職，也是在此職任後，其完成了《茶錄》（又名《龍茶錄》）一書。蔡襄生於福建莆田，對福建所生產的物品自有一番感情，尤其是茶，這點可從其著作

〔註34〕〔宋〕歐陽修撰，李逸安點校，《歐陽修全集》，《書簡》卷六，〈與梅聖俞四十六通〉之三十七，頁2461。

〔註35〕〔宋〕歐陽修撰，李逸安點校，《歐陽修全集》，《書簡》卷六，〈與梅聖俞四十六通〉之四十六，頁2465。

當中，除了《茶錄》一書外，尚有茶詩、茶文十餘篇首中看出。而歐陽修於其文集中提及蔡襄者，有茶文〈《龍茶錄》後序〉、〈跋《茶錄》〉、《歸田錄》三篇。另外，在日本天理大學所藏之相關書簡中，歐陽修與蔡襄的通信共有十二篇。在這當中，以《龍茶錄後序》和《跋茶錄》二篇為蔡襄《茶錄》的文跋，是研究蔡襄與福建建茶關係時的重要資料之一。

蔡襄與歐、梅二人的關係極好，而在他們三人的交遊過程中，茶所扮演的角色是很重要，尤其是建茶。

歐陽修於〈《龍茶錄》後序〉提到「蓋自君謨（蔡襄字君謨）始造（小龍團）而歲貢焉，仁宗尤所珍惜，雖輔相之臣，未嘗輒賜。」、〔註36〕「因君謨著錄，輒附於後，庶知小團自君謨始，而可貴如此。」〔註37〕從這兩段文句及上一章所述資料可知，北宋仁宗朝時，整個民間社會以及皇室朝廷裡，最為貴重的茶莫過於小龍團，而小龍團被製作出來，則始自於蔡襄任福建轉運使職時。

歐陽修雖然曾於南郊大禮前夕，被宋仁宗賞賜小龍團，但由於此種茶實在是太過貴重，導致其就算想要品飲也不敢輒試，只能收藏，並於客人來訪時取出，與客人一同傳玩，所謂「手持心愛不欲輒」、「不敢輒試，相家藏以為寶，時有佳客，出而傳玩爾。」，指的這是這樣的心態。而小龍團於仁宗朝時之所以相當貴重，原因大致可分為材料和製法上的差異。

小龍團茶產自福建北苑鳳凰山茶園，是蔡襄任福建轉運使期間，以龍團（又稱大龍團）和鳳團（又稱大鳳團）為基礎，從材料以及製法上進行改良後所造出的茶型。因小龍團的製作材料稀少，所能造出的數量自然也就稀少，蔡襄〈北苑十詠〉的〈造茶〉一詩，小題便有言及「其年（仁宗慶曆七年，西元 1047 年）改造新茶十斤，尤極精好，被旨號為上品龍茶，仍歲貢之。」〔註38〕，而該詩蔡襄亦自注「龍鳳茶八片為一斤，上品龍茶每斤二十八片。」〔註39〕，歐陽修《歸田錄》亦云「茶之品，莫貴於龍鳳，……，

〔註36〕〔宋〕歐陽修撰，李逸安點校，《歐陽修全集》，《居士外集》卷十五，〈《龍茶錄》後序〉，頁955。

〔註37〕同上註。

〔註38〕〔宋〕蔡襄著，陳慶元、歐明俊、陳貽庭校注，《蔡襄全集》卷二，〈北苑十詠〉，〈造茶〉，頁53。

〔註39〕〔宋〕蔡襄著，陳慶元、歐明俊、陳貽庭校注，《蔡襄全集》卷二，〈北苑十詠〉，〈造茶〉，頁53～54。

謂之小團，凡二十八片，重一斤，其價值金二兩。」〔註 40〕，從這幾點可以看出，當時北苑小龍團茶共上貢十斤，其實也就只有二百八十片而已，每片的大小雖然並無記載，但如以文字記載中所描述之狀況推測，小龍、鳳團的大小應是龍、鳳團的七分之二而已。

龍、鳳團出於宋太宗朝，後因在製茶等方面之技術精進的關係而產量大增，加上新茶型的出現，導致其品等開始出現變化，至宋仁宗朝時，龍、鳳團茶的地位已被新出的小龍、鳳團所取代。歐陽修能取得當時最為貴重的小龍團茶，除了運氣頗佳，受皇帝賜與之外，友人的寄贈，且是任職茶官的友人寄贈，也是一個原因。

歐陽修於詩中雖然沒有提到關於蔡襄贈茶一事，但在其所寫的，現今由日本天理大學所藏之歐陽修九十六篇書簡以及相關佚文中，可以看到蔡襄贈茶予歐陽修的相關文句記載，例如〈索碑帖〉一文中，便有「又得君謨一二餅新茗，恨無知者一啜爾」〔註 41〕一句。此句除了點明歐陽修收到蔡襄所贈送的餅茶外，還點出了對茶一無所知者的反感。

北宋的茶由政府專賣，茶的價格會隨著品等高低而差距頗大，換言之，越是高級的茶，其價格就越貴，因此，歐陽修手中所擁有的，由皇帝所賞賜的茶，或者是由友人所寄贈的茶，基本上在市面都是屬於高價品，所以，在看到那些對茶一無所知者輒飲高價茶時，歐陽修的感覺應該是憤慨的。

此外，在日本天理大學所藏之歐陽修九十六封書簡裡，亦有提到蔡襄贈與歐陽修餅茶、茶書一事。該九十六封書簡中，歐陽修寫與蔡襄的書簡共有十二篇，其中，在第三封書簡裡，歐陽修有提到蔡襄贈與他《茶錄》一書之事，「今日輒以服藥假，家居謝客，因發《茶錄》披尋，遂不能釋手，輒書百餘言於卷後。」，〔註 42〕由此可知，歐陽修在看過蔡襄所作的《茶錄》後，因愛不釋手的關係，才會幫蔡襄將《茶錄》作後序及跋文。

如前所述，歐陽修除收到《茶錄》一書外，還收到不少蔡襄所寄贈的茶，而歐陽修在收到這些餅茶後，亦寫了數封書信以表回覆致謝。其中，書簡第六封及第八封的內容，明確提到蔡襄寄茶予歐陽修一事。「承惠茶，獨酌甚奇，

〔註40〕 〔宋〕歐陽修撰，李逸安點校，《歐陽修全集》，《歸田錄》卷二，頁 1931。

〔註41〕 〔宋〕歐陽修撰，李逸安點校，《歐陽修全集》，《補佚》卷二，〈索碑帖〉，頁 2586。

〔註42〕 〔日〕東英壽，〈新見九十六篇歐陽修散佚書剪輯存稿〉，《中華文史論叢》（上海：上海古籍出版社，2012），第一百零五期，頁 18～19。

但無佳客與共眞賞。仍還空器，無以爲報，倂此懷懃爾。前時所餘半圓餅，烹之絕佳，不類坐上烹者。」、〔註43〕「辱惠新茶大餅，多年不曾得，其喜可知。餘俟啓封，見茶致謝。」，〔註44〕從此二段文字可以看出，蔡襄所贈送的茶品質應皆屬上等。

歐陽修在收到蔡襄所寄予的餅茶後，是有稍微輾飲過的，並且在品飲過後，其作出了「獨酌甚奇」、「烹之絕佳」的評價。從這些評價可以看出，歐陽修雖然將皇帝所賞賜給他的頂級餅茶收藏起來，但友人所贈送予他的高級餅茶，其除因喜愛之情而進行收藏外，還是會取些輾飲，並寫文著詩以表達對朋友感謝。

無論是茶官或其他官職，任官者常會有將自己所得到的茶贈送部分給予朋友之舉動，也就是將茶作爲與朋友分享和聯繫的一種物品。而作爲與歐陽修交誼頗深的友人，蔡襄與歐陽修之間的贈茶活動是時常出現的，至於贈茶之數目爲何，若從〈索碑帖〉一文中所寫的數目來看，大抵每次都是一至二餅。話雖如此，但由於小龍團茶、小鳳團茶在剛被製作出來時產量稀少，直至歐陽修去世爲止，產量也只是稍微提升了些許，因此就算蔡襄有時會寄贈這種高品質的團茶給歐陽修，其還是不捨輾飲，這種珍視的心情，是可以理解的。

〔註43〕〔日〕東英壽，〈新見九十六篇歐陽修散佚書剪輯存稿〉，《中華文史論叢》，第一百零五期，頁 18～19。

〔註44〕〔日〕東英壽，〈新見九十六篇歐陽修散佚書剪輯存稿〉，《中華文史論叢》，第一百零五期，頁 18～19。

第四章　歐陽修的健康狀況與茶之
　　　　　養生療病功效

　　茶除了用於交遊之外，亦可被用在養生療病上。有關茶的養生療病效用，
於唐代之後頗受人所重視，在《本草綱目》等醫典中，也有不少與茶之療效
相關的記載。本章擬先藉由各朝醫典與現代學者的研究，來論述茶的療病功
效，再從《歐陽修全集》所收載之詩文中，與歐陽修所罹患病症相關的文句，
以及其中記述有茶之功效的文句，來探討歐陽修的身體健康狀況及其對飲茶
養生療病的認知。

第一節　茶的養生療病功效及泡茶用水之選擇與影響

　　有關茶養生的療病功效，於大多數中國醫藥典籍中均有記載。其中，最
早的記載出自已經亡佚的《神農食經》。陸羽《茶經》有《神農食經》的殘句：

　　《神農食經》：「茶茗久服，令人有力悦志。」〔註1〕

《神農食經》出於唐代以前，作者不詳，今雖已經亡佚，但在部分典籍之中
還是可以看到該書的斷簡殘篇，上述資料便是其中之一。陸羽於《茶經》一
書中，將《神農食經》關於茶的內容節錄記載下來，而從這段資料我們可以
知道，茶的效用之一——提神，於唐代以前就已為人所知。至唐代，蘇敬等
人於《新修本草》一書中，明舉出有關於茶的性質與療效：

　　茗、苦茶。茗，味甘、苦，微寒，無毒。主瘻瘡，利小便，去痰、

〔註1〕　〔唐〕陸羽等著，宋一明譯註，《茶經譯註》（外三種），《茶經》，〈七之事〉，
　　　　頁45。

熱渴，令人少睡，秋採之。苦茶，主下氣，消宿食。作飲，加茱萸、蔥、薑等。〔註2〕

此外，陸羽《茶經》中亦有提及：

> 茶之爲用，味至寒，爲飲，最宜精行簡德之人。若熱渴、凝悶、腦疼、目澀、四肢煩、百節不舒，聊四五啜，與醍醐、甘露抗衡也。
>
> 〔註3〕

從這兩項資料可以得知，茶的效用除了早期所發現之提神外，於唐代尚發現可用於治療熱渴、凝悶、頭痛、四肢無力等症，另可助下氣消食、利小便、去痰。而陳藏器《本草拾遺》更有言：

> 皋盧茗，作飲止渴，除疫，不睡，利水道，明目。生南海諸山中。
>
> 南人極重之。〔註4〕

《本草拾遺》同《神農食經》、《神農本草經》，於今已經亡佚，但其內容因考證切乎實際，故在後面幾朝的醫典（如明代李時珍《本草綱目》〔註5〕）中，多會被引用。該書言明茶具有除疫、不睡、利水道、明目等功效，與另外兩本典籍所提及之效用記載差別不大，因此，從這幾項資料我們可以確定，茶的基本效用大抵如前所述，且此些功效記載爲後朝所沿用。至明代，李時珍於其著作《本草綱目》一書中，將前朝有關茶的療效之記載做了系統整理：

> （茶主治）瘻瘡，利小便，去痰熱，止渴，令人少睡，有力悅志。
> 神農食經　下氣消食。作飲，加茱萸、蔥、薑良。蘇恭　破熱氣，除瘴氣，利大小便。藏器　清頭目，治中風昏憒，多睡不醒。好古　治傷暑。合醋，治泄痢，甚效。陳承　炒煎飲，治熱毒赤白痢。同芎藭、蔥白煎飲，止頭痛。吳瑞　濃煎，吐風熱痰涎。時珍〔註6〕

從這些記載可以得知有關茶最基本的效用及用法。由於茶在中國古代，是食

〔註2〕　〔唐〕蘇敬，《新修本草》，收錄於新文豐出版公司編輯，《叢書集成續編·應用科學類》（台北：新文豐出版公司，1989），第八十五冊，頁662。

〔註3〕　〔唐〕陸羽等著，宋一明譯註，《茶經譯註》（外三種），《茶經》，〈一之源〉，頁7。

〔註4〕　〔唐〕陳藏器，《本草拾遺》殘篇，收錄於〔宋〕李昉等編，《太平御覽》，（台北：台灣商務印書館，1997），卷八百六十七，飲食部二十五，〈茗〉，頁3976。

〔註5〕　〔明〕李時珍編纂，劉衡如、劉山永校注，《本草綱目》，北京，華夏出版社，2004年。

〔註6〕　〔明〕李時珍編纂，劉衡如、劉山永校注，《本草綱目》，（北京：華夏出版社，2004），果部第三十二卷，〈茗〉，頁1256。

材、飲品，也是藥材，因此，在某些食療書籍，如《神農本草》，將茶列入於
食療藥材之一，並不無其道理。至於在茶藥方面，除《本草綱目》中所記載
的藥帖外，清代以前出現的多本藥帖總集裡，亦有相關之記載。其中在以茶
作爲藥引方面，主要有由宋代朝廷下令編寫的《和劑局方》〔註7〕（全名爲《增
廣太平惠民和劑局方》）一書，以茶爲主藥的則有李時珍《本草綱目》中所寫
明之十九項。此外，尚有以藥材爲主，無茶葉入藥，卻被稱爲茶的代茶方，
而此種代茶方主要記載於唐王燾《外臺秘要》〔註8〕一書中。

　　茶的療效如前所述，大致上有利小便、止渴、令人少睡等功效，其中在
令人少睡方面，於宋代文人所著之茶詩、茶文裡多有提及，例如歐陽修〈次
韻再作〉一詩中，便有「論功可以療百疾，輕身久服勝胡麻。我謂斯言頗過
矣，其實最能驅睡邪」〔註9〕一句，另外，梅堯臣〈李仲求寄建溪洪井茶七
品云愈少愈佳未知嘗何如耳因條而答之〉一詩中，亦有類似的詩句「一日嘗
一甌，六腑無昏邪。夜枕不得寐，月樹聞蹄鴉」。〔註10〕從這兩句的文義來
看，茶於宋代所普遍知道的效用，是諸多醫藥典籍裡所說的「令人少睡」。

　　宋代的茶型如筆者於第二章所言，可分成散茶和團茶兩類，其中散茶的
部分，宋代的製作步驟大致爲採、蒸、乾三項，至於團茶，則是在蒸茶後進
行搗、拍、焙、穿、封、乾等步驟製成。此時期的茶葉製法不同於元代以後，
以炒青爲主的製茶方式，主要是採蒸青製法。蒸青製法講求蒸透，也就是採
高溫蒸氣去殺青並軟化茶葉，以方便進行下面的揉捻、輾壓等步驟，至於炒
青，雖然也是採高溫殺青的方式，但與蒸青不同的地方在於，其所用的方法
爲乾燥炒乾，且在炒的時候需注意火候，使茶香得以發出。這兩種製法的不
同，除了造成破壞的茶葉成分不同外，對於茶的效用也產生了一定影響。

　　茶如前所言，有提神醒腦的效用，之所以會有這般效用，與茶所含的成
分有關。按今人對茶所做的分析研究來看，茶葉中所含的物質，大致包括有
礦物質、咖啡鹼、維生素、胺基酸、茶多酚等十多種成分，其中咖啡鹼、胺

〔註7〕　〔宋〕太醫局編，《增廣太平惠民和劑局方》，收錄於《故宮珍本叢刊》第364
　　　　冊，《增廣太平惠民和劑局方》等七種，海南海口，海南出版社，2000年。

〔註8〕　〔唐〕王燾，《外臺秘要》，北平，人民出版社，1955年。

〔註9〕　〔宋〕歐陽修撰，李逸安點校，《歐陽修全集》，《居士集》卷七，〈次韻再作〉，
　　　　頁115。

〔註10〕　〔宋〕梅堯臣著，朱東潤編年校注，《梅堯臣集編年校注》，《宛陵文集》卷二
　　　　十，〈李仲求寄建溪洪井茶七品云愈少愈佳未知嘗何如耳因條而答之〉，頁536。

基酸、茶多酚三類，會隨著茶葉的製作方式、發酵程度而產生含量或性質上的變化，這當中又以未發酵茶與全發酵茶的成分差異最為明顯。

在古代文人所寫的詩文中，我們可以看到飲茶過量時可能造成的問題。唐代盧仝〈走筆謝孟諫議寄新茶〉詩中提到「七碗吃不得也，惟覺兩腋習習清風生」〔註11〕這詩句除了受當時佛、道教興盛的影響外，也表達出了古人飲茶並不多飲，最多飲六碗的概念──宋代以前，民間普遍認為飲茶可以使人神清氣爽，甚至可達到成仙的境界，而這「惟覺兩腋習習清風生」，其實就是一種飲茶過量，也就是吸收咖啡鹼過量後所導致的精神亢奮情況。

咖啡鹼又稱為咖啡因，是一種具有刺激中樞神經性質的生物鹼。因具有刺激神經特性的關係，使得含有咖啡鹼的物質在針對興奮提神的功效上，有著明顯的效果，故人在一天之中飲茶的次數或量太多的話，就會出現頻尿、亢奮、不易入睡甚至是失眠，也就是文人詩中所提到的「令人少睡」之情況。

咖啡鹼在茶葉中的含量，會隨著發酵程度及沖泡時間的不同而出現變化。茶的咖啡鹼含量佔其成分整體比例約 2～5%左右，一般而言，老茶、夏茶因採摘時間較晚的關係，咖啡鹼含量會較嫩茶、春茶來得多，紅茶、烏龍茶、白茶則是因其在製作的過程中，需要先經過萎凋工序之故，所含的咖啡鹼亦比綠茶多，黑茶雖然不需經過萎凋工序，但因其所用的材料較其他茶類粗老，製作過程中堆積發酵的時間較長之故，咖啡鹼含量也較綠茶來得多。

有關茶令人少睡的效用，在各朝醫典中大多有所記載，而由於具有此項特性的關係，使茶常被拿來用作治療嗜睡等相關症狀的藥物。唐代孟詵所著之《食療本草》中，有關茶的記載便有下面一項：

> 茶主下氣，除好睡，消宿食，當日成者良。〔註12〕

上述資料中的「除好睡」，指的便是茶可用於治療嗜睡。至於茶的利尿功效，雖然在古人詩文中所載不多，但在一些比較重要的醫典裡，如《聖濟總錄》〔註13〕、《本草綱目》等，有相關的記載。《聖濟總錄》的〈海金沙散方〉條，便是將茶用於治療小便不通的例子。該條內容如下：

> 治小便不通，臍下滿悶。

〔註11〕〔唐〕盧仝，《玉川子詩集》，（台北：台灣商務印書館，1967），卷二，〈走筆謝孟諫議寄新茶〉，頁8。

〔註12〕〔唐〕孟詵撰，〔唐〕張鼎增補，鄭金生、張同君譯注，《食療本草譯注》，（上海：上海古籍出版社，2013），卷上，頁40。

〔註13〕〔宋〕宋徽宗趙佶，《聖濟總錄》，北京，人民衛生出版社，1962年。

海金沙（一兩），臘茶（半兩）。

上二味，搗羅爲散，每服三錢七，煎生薑甘草湯調下，不拘時，未
通再服。〔註14〕

〈海金沙散方〉是用以治療小便不通的藥帖，此藥帖以臘茶爲主藥，取的便
是茶可利尿之效用。而除了令人少睡、利尿等功效外，茶的功效雖然不若歐
陽修詩中所言及的「論功可以療百疾」，但也算是療效多樣，且在用法方面，
可分成內服、外用兩種方式。

茶因成分的緣故，多被用在有關內科治療方面，簡言之，前朝醫典中所
記載的茶藥，大多爲內服藥劑，其中又可按治療症狀之不同，將有關的藥帖
分成以茶作爲主藥和以茶作爲藥引兩種。在以茶作爲藥引的部分，於《增廣
太平惠民和劑局方》（以下簡稱《和劑局方》）中有不少記載，如卷四的〈痰
飮附咳嗽〉中有〈麻黃散〉條：

麻黃散　治丈夫、婦人久近肺氣咳嗽，喘急上衝，坐臥不安，痰涎
壅塞。嗽唾稠黏，腳手冷痺，心脇疼脹，兼治傷風嗽喘，膈上不快。

麻黃壹拾兩去根節　款冬花去枝梗　訶子皮去核

甘草□各伍兩　肉桂陸兩去皮不見火　杏仁三兩去皮尖麩炒

右〔註15〕爲細末，每服貳錢水壹盞，入好茶壹錢同煎，捌分食，後
夜臥通口服，如半夜不能煎，但以藥末入茶，和勻，沸湯點或乾嚥
亦得。忌魚酒炙爆豬肉腥臊物。〔註16〕

此份藥帖將茶列入服藥方式處，因是以藥末入茶服用的關係，所以茶在這份
藥帖中形同副藥，也就是藥引。

藥帖中以茶作爲藥引者，大多都是在治療因肝火旺盛、傷風等所造成的
疾病，以及相關之併發症，之所以會如此，與茶的性質有很大之關係。《茶經》
記載茶性「味至寒」，〔註17〕而唐代醫典《新修本草》中提到，茶的性質爲「味

〔註14〕〔宋〕宋徽宗趙佶，《聖濟總錄》，卷第九十五，大小便門，〈海金沙散方〉，
　　　　頁1677。

〔註15〕此爲上述藥材之意。

〔註16〕〔宋〕太醫局編，《增廣太平惠民和劑局方》，卷四，〈痰飮附咳嗽〉，〈麻黃散〉，
　　　　收錄於《故宮珍本叢刊》第364冊，《增廣太平惠民和劑局方》等七種，（海
　　　　南海口：海南出版社，2000），頁78。

〔註17〕〔唐〕陸羽等著，宋一明譯註，《茶經譯註》（外三種），《茶經》，〈一之源〉，
　　　　頁7。

甘、苦，微寒，無毒」〔註18〕，陳藏器《本草拾遺》中亦有提及茶「苦寒，久食，令人瘦，去人脂，使人不睡。飲之宜熱，冷則聚痰。」〔註19〕，李時珍在《本草綱目》的茶項目中更是言明「（茶）葉苦、甘，微寒，無毒。」、〔註20〕「服威靈仙、土茯苓者，忌飲茶」，〔註21〕由這些資訊可以得知，因茶本身性質微寒，故在針對清除體內火氣方面的效用可謂良好，加之其較黃蓮等具同樣效果的藥材來得溫和，因此在與火氣旺盛有關的疾病裡，大多都會有以茶入藥或者是當作藥引的例子。例如《太平聖惠方》的〈藥茶諸方〉篇中，便有〈蔥豉茶方〉：

> 治傷寒頭痛壯熱。
>
> 蔥白（三莖去須），豉（半兩），荊芥（一分），薄荷（三十葉），梔子仁（五枚），石膏（三兩搗碎）
>
> 上以水二大盞。煎取一大盞。去滓。下茶末。更煎四五沸。分二度服。〔註22〕

另外，《本草綱目》中亦有記載用於治療熱毒下痢的茶藥。該條記載出於《食醫心鏡》，內容如下：

> 赤白下痢。以好茶一斤，炙搗末，濃煎一二盞服。久患痢者，亦宜服之。〔註23〕

從這兩項藥帖可以得知，用於治療熱毒所造成的下痢，或者是因傷寒所引起的發燒，皆可用茶做為藥引或主藥，當主藥時或一味，或與其他藥物相配合，所取的便是茶可降火氣之效用。然而，並不是所有藥物都可與茶相配，威靈仙、土茯苓這兩種藥材，便是李時珍於《本草綱目》中標明，不得與茶一同服食的藥材。

〔註18〕〔唐〕蘇敬，《新修本草》，收錄於新文豐出版公司編輯，《叢書集成續編・應用科學類》，第八十五冊，頁662。

〔註19〕〔唐〕陳藏器，《本草拾遺》殘篇，收錄於〔宋〕李昉等編，《太平御覽》，卷八百六十七，飲食部二十五，〈茗〉，頁3976。

〔註20〕〔明〕李時珍編纂，劉衡如、劉山永校注，《本草綱目》，果部第三十二卷，〈茗〉，頁1256。

〔註21〕〔明〕李時珍編纂，劉衡如、劉山永校注，《本草綱目》，果部第三十二卷，〈茗〉，頁1256。

〔註22〕〔宋〕王懷隱等編，《太平聖惠方》，（北京：人民衛生出版社，1958），卷第九十七，〈藥茶諸方〉，〈蔥豉茶方〉，頁3128。

〔註23〕〔明〕李時珍編纂，劉衡如、劉山永校注，《本草綱目》，果部第三十二卷，〈茗〉，頁1257。

　　相較於以茶作爲藥引的藥帖，被集中收載於《和劑局方》等幾部醫典裡的情況，清代以前所出現的，以茶作爲主藥的藥帖，被分散收錄於幾部重要醫典裡，其中在《本草綱目》中列有十九條，治療的範圍包括婦科、瘡痘、中毒、心痛、霍亂、下痢、氣虛、腰痛等症。

　　從這十幾條記載中我們可以發現，在治療氣虛頭痛、產後秘塞、大便下血、久年心痛、中毒、尿瘡等症的藥帖裡，茶雖爲主藥之一，卻有特別的規定，如治療氣虛頭痛的藥帖，便有指明須使用上春茶末來做爲主藥。

　　有關茶藥所使用的茶，一般而言並沒有硬性規定，只要是「好茶」者，皆可用來入藥，換言之，「好茶」是茶入藥的標準。然而，在部分藥帖裡，包含以茶作爲藥引者，卻有著硬性規定，只能使用某種或某類的茶來入藥，原因雖然不明，但如從今人的研究來看，卻大致可以猜出原因。

　　如前所述，茶的效用會因爲製作方式、採摘時間的不同而出現變化，而這些變化會對人體造成不同的影響，因此，在治療氣虛頭痛、產後秘塞、大便下血、久年心痛、中毒、尿瘡等症的藥帖裡，會限制使用的茶類、茶種，其實不無其道理。如治療氣虛頭痛，在《本草綱目》中便有收錄《醫方大成》所載的藥帖：

> 治氣虛頭痛，用上春茶末調成膏，置瓦盞內覆轉，以巴豆四十粒，作二次燒煙燻之，曬乾乳細。每服一字，別入好茶末，食後煎服，立效。〔註24〕

此帖所用的茶，除了上春茶的茶末外，還用了好茶，這在藥帖中是不多見的。另外，在《醫方集論》中，也有記載相關之治療藥方：

> 治偏正頭風，升麻六錢，生地五錢，雨前茶四錢，黃芩、黃蓮各一錢，水煎服。〔註25〕

此兩帖藥方雖然都是用以治療頭痛，然而，因爲所治療之情況略有不同的關係，所用的茶也就有不同之處。在治療氣虛頭痛方面，根據今人研究，由於茶含有維生素 A、B_1、B_2、B_5、B_{11}、C、D、E、K 的關係，除可幫助維持人體的正常機能外，尚可使人看起來較有血氣，尤其是維生素 C，因該維生素可幫助肝臟進行排毒之故，在針對氣虛的治療上，具有一定的補氣作用。茶所

〔註24〕　〔明〕李時珍編纂，劉衡如、劉山永校注，《本草綱目》，果部第三十二卷，〈茗〉，頁 1257。
〔註25〕　此條轉引自陳宗懋，《中國茶經》，頁 97。

含有的維生素在整體比例中所占頗高，但因發酵程度的不同，以綠茶所含的維生素最多，故在治療氣虛頭痛等症狀上，大多使用綠茶當藥，紅茶、烏龍茶等發酵程度較高的茶較少用於治療此症上。

除上述功效外，據今人研究，茶尚具有降低血壓、血脂和血糖、明目等效用，換言之，在針對現代人高血壓、高血脂、糖尿病、視力不佳等病症上，茶具有一定的預防保健療效。其中，在有關高血壓方面，由於茶所擁有的兒茶素具有降低血壓、去除自由基、使血管壁鬆弛、保持血管彈性，防止血管破裂等效用，因此，對於有高血壓遺傳性疾病的人而言，飲茶可以幫助他們預防高血壓所帶來的危險。除此之外，多飲綠茶還可以預防糖尿病，因茶中所含有的維生素 B_1 及維生素 C 可幫助糖分的代謝。

此外，茶亦可消去油膩。有關茶去除油脂的功效雖不見相關藥帖，但在筆記、白話小說（如《紅樓夢》）裡，可以看到許多飯後飲茶的例子，而梅堯臣〈答宣城張主簿遺鴉山茶次其韻〉一詩中亦有提及「嘗聞茗消肉，應亦可破瘕」[註26] 從這裡便能得知，茶的去油膩效果，在古代已經為人所熟知。

至於茶的明目功效，主要是來自於其所含有的維生素 A、C，維生素 A 在針對夜盲症的治療上是備受肯定的，而維生素 C 對眼睛的效用，主要是在針對白內障上。白內障是眼內水晶體發生混濁現象的疾病，此種疾病的成因除了年齡增加導致眼內結構退化之外，糖尿病也是白內障的病發原因之一。《審視瑤函》記載：

救睛丸，治青盲，食後茶清送下。[註27]

此處所寫及的青盲，如以今日的說法來看，其實就是會導致失明的內障疾病，白內障便是其中之一。而除了此兩種眼部疾病之外，茶於古代亦用於治療眼生膜、眼痛、流眼油等症。

古人並不像現代人可藉由儀器分析茶的成分，只能透過自身與前人之經驗將茶的療效記載傳於後世，而從李時珍《本草綱目》中對茶的各項資料統整來看，則茶可用於治療上述疾病的原因，大致有下列幾項：

一、《本草綱目》載：「好古曰：『茗茶氣寒味苦，入手、足厥陰經。治陰証湯藥內入此，去格拒之寒，及治伏陽。』」[註28] 此處所言及之手、足厥陰

〔註26〕〔宋〕梅堯臣著，朱東潤編年校注，《梅堯臣集編年校注》，《宛陵文集》卷二十五，〈答宣城張主簿遺鴉山茶次其韻〉，頁798。

〔註27〕此條轉引自陳宗懋，《中國茶經》，頁97。

〔註28〕〔明〕李時珍編纂，劉衡如、劉山永校注，《本草綱目》，果部第三十二卷，

經，指的其實是手厥陰心包經和足厥陰肝經，此二條經脈在中醫的觀點裡，分別是用來治療心與肝方面之疾病的（如心痛、心悸、心律不整、胃痛、小便不利、頭痛、足膝關節障礙、婦女病等）。於中醫的論點裡，五味對應人體五臟，其中苦對應心，〔註29〕而茶的成分可入手、足厥陰經，故可用來治療相關方面的疾病。

二、除上述資料外，《本草綱目》另有載：「時珍曰：『茶苦而寒，陰中之陰，沉也，降也，最能降火。火為百病，火降則上清矣。然火有五，火有虛實。若少壯胃健之人，心肺脾胃之火多盛，故與茶相宜。溫飲則火因寒氣而下降，熱飲則茶借火氣而升散，又兼解酒食之毒，使人神思爽，不昏不睡，此茶之功也。』」〔註30〕就中醫的觀點而論，藥材的藥性可分成寒、涼、平、溫四種，其中寒、涼性藥材因具有清熱、瀉火、解毒的功效，〔註31〕故可用來治療熱症。另外，藥的味道亦有其對應效用，而在中醫的理論裡，藥的味道分成酸、苦、甘、辛、鹹五種，其中苦有瀉燥、降火的效用。〔註32〕因此，茶苦寒相配，自然就使其成了降火清熱的良劑，用於治療因臟腑上火而生的病，自有奇效。

三、《本草綱目》亦有載：「大意相機曰：『頭目不清，熱熏上也。以苦泄其熱，則上清矣。且茶體輕浮，采摘之時，芽初萌，正得春升之氣，味雖苦而氣則薄，乃陰中之陽，可升可降。利頭目，蓋本諸此。』」〔註33〕古人認為頭目不清者，乃為體內燥熱所致，而茶的性質可以降火氣，清頭目，所以可讓人神思清爽，不嗜睡。

除此之外，茶在針對渴淋，也就是糖尿病方面，亦有一定之治療效用。於明代以前，有關糖尿病的治療藥帖裡，並無以茶入藥或者是和茶服用的文字出現，故可由此得知，針對糖尿病，茶的治療效用主要發現於明代以後。

〈茗〉，頁 1256。

〔註29〕石玉鳳主編，《人體經絡速查輕圖典：痛則不通，通則不痛！》，（台北：三采文化出版事業有限公司，2010），頁 61、125、143。

〔註30〕〔明〕李時珍編纂，劉衡如、劉山永校注，《本草綱目》，果部第三十二卷，〈茗〉，頁 1256。

〔註31〕中國醫藥雜誌社主編，《常用中藥材圖鑑》，（台北：渡假出版社，1999），頁 19～20。

〔註32〕中國醫藥雜誌社主編，《常用中藥材圖鑑》，頁 20。

〔註33〕〔明〕李時珍編纂，劉衡如、劉山永校注，《本草綱目》，果部第三十二卷，〈茗〉，頁 1256。

雖然茶在針對糖尿病的治療上，於宋代較不爲人所知，但其解渴的效用，卻可被用於緩解糖尿病的口渴情形。而有關糖尿病的說法，於唐代醫典《外臺秘要》中有被記載：

> 病源夫消渴者，渴而不小便是也。由少服五石諸丸散積久經年，石勢結於腎中，使人下焦虛熱。及至年衰血氣減少，不能制于石，石勢獨盛，則腎爲之燥，故引水而不小便也。

> 其病變者，多發癰疽，此坐熱氣留於經絡，經絡不利，血氣壅澀，故成癰膿也。診其脈數大者生，細小浮者死。又沉小者生，實牢大者死。有病口甘者名爲何，何以得之，此五氣之溢也，名曰脾癉。

> 夫五味入於口，藏於胃、脾爲之行其精氣。溢在於脾，令人口甘，此肥美之所發也，此人必數食甘美而多肥。肥令人內熱，甘者令人中滿，故其氣上溢爲消渴也。

> 厥陰之爲病消渴，氣上沖，心中疼熱，饑不欲食，甚者則欲吐下之不肯止。……千金論曰：夫消渴者，凡積久飲酒，無有不成消渴病者。然則大寒凝海而酒不凍，明其酒性酷熱，物無以加，脯炙鹽鹹，此味酒客多嗜，不離其口，三觴之後，制不由己。飲啖無度，咀嚼鮓醬，不擇酸鹹，積年長夜，酣典不懈，遂使三焦猛熱，五臟乾燥。木石猶且焦枯，在人何能不渴？療之愈否，屬在病者，若能如方節慎，旬月而瘳，不自愛惜，死不旋踵。方書醫藥，實多有效，其如不慎者何？其所慎者有三，一飲酒，二房室，三鹹食及麵，能慎此者，雖不服藥，而自可無他，不知此者，縱有金丹，亦不可救，深思慎之。

> 凡消渴之人，愈與未愈，常須慮患大癰，何者？消渴之人，必於大骨節間，忽發癰疽而卒，所以戒在大癰也。〔註34〕

從上述記載可以得知，古人認爲渴淋病的成因，與三焦上火、五臟乾燥有關，而如於初期就被發現，是可以治癒的，但假若飲食及生活習慣不佳，還是有可能會導致復發，甚至是惡化的局面。

至於茶在針對眼疾的治療部分，與糖尿病不同的地方在於，以茶治療眼疾的藥帖在宋代以前即已出現不少，其中在內障類型的眼疾治療藥帖中，大

〔註34〕〔唐〕王燾，《外臺秘要》，（北平：人民出版社，1955），卷十一，頁303

多將茶列於副藥部分，配合主藥服食，所治療的眼疾包括眼痛、眼翳、雙目昏暗、眵淚、雙目怕日羞明、隱澀難開、眼癢赤痛、內外障等。

　　除了渴淋症與眼疾之外，茶亦可用來治療嗽喘、齒疾、瘡腫等症。《本草綱目》中收載了《瑞竹堂方》中，有關茶用於治療嗽喘的藥方，該藥方內容如下：

> 痰喘咳嗽，不能睡臥：好末茶一兩，白僵蠶一兩，爲末，放碗內蓋
> 定，傾沸湯一小盞。臨臥，再添湯點服。〔註35〕

茶之所以可用於治療嗽喘，如就現代人之觀點來看，與其所含的維生素 C 有一定之關係。而若從前朝醫典來看，古人認爲嗽喘的起因與肺心上火有關，故可以茶來做爲治療手段。

　　除了茶本身以外，泡茶用的水亦頗受人注意，至於原因，主要是在水質方面。唐代陸羽《茶經》、張又新〈煎茶水記〉、〔註36〕蘇廙〈十六湯品〉、〔註37〕宋代葉清臣〈述煮茶泉品〉〔註38〕以及歐陽修的〈大明水記〉、〔註39〕〈浮槎山水記〉〔註40〕等，皆有提到關於水質影響茶味，甚至是茶的療效一事。

　　《茶經》中提到，「其水，用山水上，江水中，井水下。其山水，揀乳泉、石地慢流者上。其瀑涌湍漱，勿食之，久食，令人有頸疾。又多別流於山谷者，澄浸不泄，自火天至霜郊以前，或潛龍蓄毒於其間，飲者可決之，以流其惡，使新泉涓涓然，酌之。其江水，取去人遠者。井取汲多者。」〔註41〕此段記載說明了煮茶用水之選擇方式，以及相關注意事項。而張又新的〈煎茶水記〉和歐陽修的〈大明水記〉之內容，則是著重於水品的排行，其中，〈大明水記〉有言：

> 如蝦蟆口水、西山瀑布、天台千丈瀑布，皆羽戒人勿食，食而生疾。

〔註35〕　〔明〕李時珍編纂，劉衡如、劉山永校注，《本草綱目》，果部第三十二卷，〈茗〉，頁1258。

〔註36〕　〔唐〕張又新，〈煎茶水記〉，收錄於《中國古代茶葉全書》，頁29～30。

〔註37〕　〔唐〕蘇廙，〈十六湯品〉，收錄於《中國古代茶葉全書》，頁33～35。

〔註38〕　〔宋〕葉清臣，〈述煮茶泉品〉，收錄於《中國古代茶葉全書》，頁59～60。

〔註39〕　〔宋〕歐陽修撰，李逸安點校，《歐陽修全集》，《居士外集》卷十四，〈大明水記〉，頁944～945。

〔註40〕　〔宋〕歐陽修撰，李逸安點校，《歐陽修全集》，《居士集》卷四十，〈浮槎山水記〉，頁583～584。

〔註41〕　〔唐〕陸羽等著，宋一明譯註，《茶經譯註》（外三種），《茶經》，〈五之煮〉，頁33。

其餘江水居山水上，井水居江水上，皆與羽經相反。疑羽不當二說
以自異。使誠羽說，何足信也，得非又新妄附益之邪？其述羽辨南
零岸時，怪誕甚妄也。〔註42〕

此處所言之二說，指的是劉伯當的水品七等，以及李季卿的水品二十等。張
又新於其文中，將劉、李二說之水等皆錄成文字，並說出自己的意見與看法，
然而，此二說所列的水品，與《茶經》「山水上，江水中，井水下」之品次
完全不同，故歐陽修於〈大明水記〉及〈浮槎山水記〉中，明確表達出自己
對此三說的看法，且以「羽之論水，惡淳浸而喜泉源，故井取多汲者，江雖
長，然眾水雜聚，故次山水。為此說近物理云。」〔註43〕表明自身對陸羽之
水品說的贊同。

另外，蘇廙〈十六湯品〉則是將水之沸騰次數與水性分成十六項來談，
其中，「煎以老嫩言者凡三品自第一至第三。注以緩急者言凡三品自第四至
第六。以器類標者共五品自第七至第十一。以薪火論者共五品自十二至十
六。」〔註44〕從這裡可以得知，泡茶用水的沸騰次數、倒水緩急、煮水用具、
煮水用火等，皆會影響到水的水性，並且間接影響到所沖泡而成之茶水功
效。在這當中，蘇廙認為湯品中第一湯用於泡茶最佳，第三湯因水沸騰超過
十次，水已過硬（水中所含的鈣、鎂離子過高）的關係，已失水性，不宜用
於泡茶，且以水沖茶時，須注意沖茶之力道、水之順暢，以及水量，以免造
成茶水不勻的情況；又，蘇廙亦認為煮水之器，以金銀為佳，石瓷次之，銅
鐵鉛瓦不宜，煮水之火，以炭為佳，糞竹不宜，且沖茶之水不宜受到煙燻，
以免對健康造成危害。〔註45〕

如按今人研究之成果來看，陸羽等人的水品說法，所要表達的其實就是
軟水與硬水對茶味、茶效之影響。于觀亭《中國茶經》一書，便對軟水與硬
水的定義做出了解釋。其中在硬水方面，于觀亭指出，水中含有較多鈣、鎂
離子和礦物質者，茶葉之有效成分的溶解度就會較低，相對的茶味就會較淡，
且會使茶水變得苦澀，故不宜用硬水泡茶。〔註46〕且硬水飲多者，會因為體

〔註42〕〔宋〕歐陽修撰，李逸安點校，《歐陽修全集》，《居士外集》卷十四，〈大明
水記〉，頁945。
〔註43〕〔宋〕歐陽修撰，李逸安點校，《歐陽修全集》，《居士外集》卷十四，〈大明
水記〉，頁945。
〔註44〕〔唐〕蘇廙，〈十六湯品〉，收錄於《中國古代茶葉全書》，頁33。
〔註45〕〔唐〕蘇廙，〈十六湯品〉，收錄於《中國古代茶葉全書》，頁33。
〔註46〕于觀亭，《中國茶經》，（北京：外文出版社，2009），頁230～232。

內礦物質等物質離子過多的關係，造成結石等病症，故茶講究以軟水沖泡，並不只是為了茶味的好壞，更是為了健康。

第二節　歐陽修的身體健康狀況與其詩文中所言之茶功效

在討論有關茶的治病養生療效時，除須著眼於醫療典籍等相關著作之外，各朝所出現的，關於飲茶之詩文書畫等，也是相當重要的研究資料。而在這當中，歐陽修所寫的茶詩、茶文，以及與朋友之間的往來書信最為吸引筆者注意。從這些詩文書信中，除可以看出歐陽修與宋代飲茶文化發展的關係外，尚可看出歐陽修的身體健康狀況，以及宋代當時已知的茶之效用。

中國自古以來即提倡以飲食來養生療病，也就是『食療』的概念，舉凡能食用的動植物，在中醫的觀點看來皆具有療效，其中，除去現今所謂之中藥材外，茶的醫療功效亦頗受古今人士所注意。飲茶用於療病養生，這點在中國各朝的醫典中大多有被明列記載，而在有關茶療記載與今人研究方面，筆者已於上一節論述。本節則是由上節的內容進行延伸，從歐陽修的身體健康狀況與茶之療效，對歐陽修詩文中所提到有關茶養生療病的功效進行探討。

首先，針對歐陽修所寫的茶詩、茶文，如扣除掉序、跋等文體，則寫作年代大致分布在宋仁宗寶元年間至英宗治平年間，也就是在歐陽修三十歲之後，而其身體健康狀況不佳的具體時間，如從其寫給友人的書信，以及詩文中所透露出之訊息來看，大抵也是在這個時候。這並非代表其在三十歲以前就沒有任何健康狀態不佳的情況，而是指其身體的健康狀況，於三十歲後開始出現『每況愈下』的情形，在這當中，又以眼病、渴淋、齒疾、重聽、瘡腫、腹痛、氣喘咳嗽以及手腳疼痛最令他感到困擾。

歐陽修的身體健康狀況至老年時相當不佳，根據歷史記載，其在年過三十不久，就受到糖尿病與眼疾之苦，尤其是到了四十九歲之後，更是如此。因此，在他所寫的詩文書信中，便常有提及其身體健康狀況的文句，如〈感事〉一詩：

> 故園三徑久成荒，賢路胡為此坐妨。
>
> 病骨瘦便花蕊暖，嘉祐八年，于闐國王遣使來朝貢。恩賜宰臣已下于闐所獻花
>
> 蕊布，柔韌潔白如凝脂，而禦風甚溫，不減駝褐也。煩心渴喜鳳團香。先朝舊

例，兩府輔臣歲賜龍茶一斤而已。余在仁宗朝作學士兼史館修撰，嘗以史院無國史，

乞降一本以備檢討，遂命天章閣錄本付院。仁宗因幸天章，見書吏方錄國史，思余

上言，亟命賜黃封酒一瓶、果子一合、鳳團茶一斤。押賜中使語余云：「上以學士

校新寫國史不易，遂有此賜。」然自後月一賜，遂以為常。後余忝二府，猶賜不絕。

號弓但灑孤臣血，憂國空餘兩鬢霜。

何日君恩憫衰朽，許從初服返耕桑？〔註47〕

此詩作於北宋英宗治平四年（西元 1067 年），詩中所寫及的「病骨瘦便花蕊
暖，煩心渴喜鳳團香」，其實就是歐陽修對自身健康狀況的一種感慨。除此詩
外，歐陽修亦有在其他詩文書信中提到其身體頗差的情況，例如他在仁宗慶
曆元年（西元 1041 年）所作之〈憶山示聖俞〉一詩，便有下列詩句：

今來會京師，車馬逐塵督。

頹冠各白髮，舉酒無菁袖〔註48〕。

又仁宗慶曆二年（西元 1042 年）所作詩〈送呂夏卿〉中亦提到：

始吾尚幼學弄筆，羣兒爭誦公初文。

嗟我今年已白髮，公初相見猶埃塵。〔註49〕

除上述三首詩外，歐陽修亦在詩中提及不少有關自己長滿白髮、身體抱恙的
情況，諸如〈聖俞會飲〉「嗟余身賤不敢薦，四十白髮猶青衫」〔註50〕，〈哭
曼卿〉「歸來見京師，心老貌已癯」〔註51〕，〈暮春有感〉「我獨不知春，久
病臥空堂」〔註52〕，〈鎮陽讀書〉「塵蠹文字細，病眸澀無光」〔註53〕，〈白
髮喪女師作〉「吾年未四十，……淚多血已竭，毛膚冷無光。自然鬚與鬢，

〔註47〕〔宋〕歐陽修撰，李逸安點校，《歐陽修全集》，《居士集》卷十四，〈感事〉，
頁 237。

〔註48〕〔宋〕歐陽修撰，李逸安點校，《歐陽修全集》，《居士集》卷一，〈憶山示聖
俞〉，頁 15。

〔註49〕〔宋〕歐陽修撰，李逸安點校，《歐陽修全集》，《居士集》卷一，〈送呂夏卿〉，
頁 14。

〔註50〕〔宋〕歐陽修撰，李逸安點校，《歐陽修全集》，《居士集》卷一，〈聖俞會飲〉，
頁 18。

〔註51〕〔宋〕歐陽修撰，李逸安點校，《歐陽修全集》，《居士集》卷一，〈哭曼卿〉，
頁 19。

〔註52〕〔宋〕歐陽修撰，李逸安點校，《歐陽修全集》，《居士集》卷二，〈暮春有感〉，
頁 33。

〔註53〕〔宋〕歐陽修撰，李逸安點校，《歐陽修全集》，《居士集》卷二，〈鎮陽讀書〉，
頁 35。

未老先蒼蒼」〔註54〕，〈送張屯田歸洛歌〉「心衰面老畏人問，驚我瘦骨清如冰。今年七月妹喪夫，稚兒霜女啼呱呱。季秋九月予喪婦，十月厭厭成病軀。」〔註55〕，〈答蘇子美離京見寄〉「惜哉三十五，白髮今已生」〔註56〕等，便是其用來說明身體健康狀況的詩句。而若從上述詩句所表達的意思來看，歐陽修應在其滿四十歲前就已近似衰老之人——白髮、貌瘁，尤其他白髮的時間甚早，按詩文內容及創作時間來加以推測，歐陽修最遲在宋仁宗慶曆元年（西元 1041 年），亦即其三十四歲前就已長滿白髮。

　　一個人白髮的原因有很多，除自然老化之外，用腦過度和家族遺傳皆是可能造成少年或壯年白髮的重要因素。歐陽修的白髮原因，若按其詩文如〈六一居士傳〉「軒裳珪組勞吾形於外，憂患思慮勞吾心於內，使吾行不病而已瘁，心未老而先衰」〔註57〕、〈亳州乞致仕第一表〉「憂患已多，精神耗盡」〔註58〕等文句來看，主要可能是在用腦過度上。

　　而除了用腦過度外，身體健康狀況不佳、容易患疾等因素，亦會導致年少卻出現滿頭白髮的情形。歐陽修在〈感事〉等詩文中，已明確表達出了其身體不適的情形，另外，在寫給皇帝的上奏箚表裡，他亦多次提及因身體健康狀況不佳，想辭官歸隱的心態。而在如此情況之下，歐陽修尚得以六十六歲高齡逝世，與其飲食等生活習慣應有相當程度的關係。除滿頭白髮的情況之外，歐陽修所患有的眼疾，使其晚年視力近乎全盲。書簡〈與王文恪公樂道九通〉之一有云：

> 行未逾月，雙眼注痛如割，不爲書字艱難，遇物亦不能正視，但恐由此遂爲廢人。〔註59〕

另外，其於〈與李劉後公謹八通〉之二亦有提到：

〔註54〕〔宋〕歐陽修撰，李逸安點校，《歐陽修全集》，《居士集》卷二，〈白髮喪女師作〉，頁 39。

〔註55〕〔宋〕歐陽修撰，李逸安點校，《歐陽修全集》，《居士外集》卷二，〈送張屯田歸洛歌〉，頁 734。

〔註56〕〔宋〕歐陽修撰，李逸安點校，《歐陽修全集》，《居士外集》卷三，〈答蘇子美離京見寄〉，頁 752。

〔註57〕〔宋〕歐陽修撰，李逸安點校，《歐陽修全集》，《居士集》卷四十四，〈六一居士傳〉，頁 635。

〔註58〕〔宋〕歐陽修撰，李逸安點校，《歐陽修全集》，《表奏書啓四六集》卷四，〈亳州乞致仕第一表〉，頁 1388。

〔註59〕〔宋〕歐陽修撰，李逸安點校，《歐陽修全集》，《書簡》卷四，〈與王文恪公樂道九通〉之一，頁 2401。

> 目疾得靜安息慮，當益清明。某昏花日甚，書字如隔雲霧，亦冀一
> 閒處將養爾。〔註60〕

因眼痛昏花之故不得書字，想要尋得一閒處將養，從這點便可以得知，歐陽修對自身視力不良，尤其是對中、晚年時，視力微弱、近乎全盲的情況倍感困擾。不只是上述兩段書信內文，歐陽修在寫給友人的書信中，大多有提及其爲眼疾深感困擾之事，如〈與韓忠獻王稚圭四十五通〉之十一「某自夏入秋，苦於親疾，以故久不修問」〔註61〕、之十七「某衰病，鬚鬢悉白，兩目昏花，豈復更有榮進之望？」〔註62〕、之三十六「某近秋冬以來，目病尤苦，遂不復近筆硯，小詩亦不曾作，心志蕭條，但思歸爾」〔註63〕、之三十七「某以病目，艱於執筆，稍闕拜問」〔註64〕、〈與杜正獻公世昌七通〉之五「某年方四十有三，而鬢髮皆白，眼目昏暗」〔註65〕、〈與孫威敏公元規二通〉之一「某邇來目昏，略辨黑白，耳復加重，恐知之」〔註66〕……等，總約數十篇書信中皆有提及其眼疾的情況，如按書信中所寫之有關眼疾的症狀來看，則歐陽修所得的眼疾應爲白內障、高眼壓等。

白內障的成因很多，除了受到外界影響（眼睛外傷）、自然老化外，糖尿病、青光眼、高度近視，以及甲狀腺疾病患者等，亦有可能會導致白內障。而若從歐陽修的詩文來看，其罹患白內障的原因，與他患有渴淋症，似乎有很大的關係。在歐陽修對友人的書簡中，可以看出其不只爲眼病所擾，渴淋症亦是造成其困擾的疾病之一。〈與執政一通〉「間以接奉春陽，攻注眼目，服藥過度，渴淋復作，遂不能支」〔註67〕，以及〈與王龍圖益柔，字勝之九通〉

〔註60〕〔宋〕歐陽修撰，李逸安點校，《歐陽修全集》，《書簡》卷四，〈與李劉後公謹八通〉之二，頁2413。

〔註61〕〔宋〕歐陽修撰，李逸安點校，《歐陽修全集》，《書簡》卷一，〈與韓忠獻王稚圭四十五通〉之十一，頁2336。

〔註62〕〔宋〕歐陽修撰，李逸安點校，《歐陽修全集》，《書簡》卷一，〈與韓忠獻王稚圭四十五通〉之十七，頁2338。

〔註63〕〔宋〕歐陽修撰，李逸安點校，《歐陽修全集》，《書簡》卷一，〈與韓忠獻王稚圭四十五通〉之三十六，頁2345。

〔註64〕〔宋〕歐陽修撰，李逸安點校，《歐陽修全集》，《書簡》卷一，〈與韓忠獻王稚圭四十五通〉之三十七，頁2346。

〔註65〕〔宋〕歐陽修撰，李逸安點校，《歐陽修全集》，《書簡》卷二，〈與杜正獻公世昌七通〉之五，頁2355。

〔註66〕〔宋〕歐陽修撰，李逸安點校，《歐陽修全集》，《書簡》卷二，〈與孫威敏公元規二通〉之一，頁2362。

〔註67〕〔宋〕歐陽修撰，李逸安點校，《歐陽修全集》，《書簡》卷三，〈與執政一通〉，

之七「自春首已來，得淋渴疾，癯瘠昏耗，僅不自支」〔註68〕二句，便是其中有寫及歐陽修自身罹患糖尿病的書信內文。

渴淋，又名淋渴、消渴，也就是今人所講的糖尿病。歐陽修因渴淋症的關係導致晚年衰病加劇，這點於其詩文書信中可明顯看出。而歐陽修嗜酒、茶，尤其嗜酒這一點是爲人所知的，但是，因酒與糖尿病的密切關係，使其中、晚年渴淋症發病後甚少飲酒，多爲飲茶。渴淋症的一個重要特徵爲喝多尿少，且時常感到口渴，歐陽修於書信中雖然沒有提及渴淋的症狀，然若從詩文來看，卻可以看到其因口渴頻繁而感到心煩的情況，如〈感事〉詩中「病骨瘦便花蕊暖，煩心渴喜鳳團香」便是一例。

〈感事〉一詩如前所述，寫於北宋英宗治平四年。歐陽修的身體健康狀況，在仁宗嘉祐年間開始衰弱，英宗治平、神宗熙寧年間更是衰病加劇，而此時期與其渴淋症的發病時間有所重疊，換言之，歐陽修的身體健康狀況雖然於四十歲以前就開始出現衰敗，但因後來渴淋症發作之故，導致衰病的情況加劇。由於渴淋症的關係，歐陽修口渴心煩的情形應有所增加，也因此其才會於〈感事〉詩中提及喜愛鳳團茶的茶香，並在註釋中寫明因其進言有關國史之事，使宋仁宗賞賜予他酒果以及鳳團茶一斤，且自此之後每月均有一賜，若再加上先朝舊例，兩府輔臣每年可受賜龍茶一斤，則歐陽修在擔當輔臣時，一年至少獲賜龍茶一斤，以及鳳團十二斤。

因爲茶對糖尿病有一定的抑制效果，因此飲茶對歐陽修而言，是一種比較好的養生方式，再加上其除患有眼疾與渴淋症外，尚患有嗽喘、腹痛、手腳疼痛及瘡腫等病症，而這些病症於清代以前所出現的中藥醫典裡，皆有相關之茶療藥方，因此，雖然是否有用這些藥方來進行治療，這點並不能從其所寫之詩文中看出，但如從時間以及詩文的內容來看，我們可以發現，歐陽修開始飲茶多於飲酒的時間，是在仁宗慶曆年間，也就是在身體開始出現各種病症之後，其才從嗜酒的情況下慢慢轉爲嗜茶。尤其是到了英宗治平年間，其渴淋症頻繁發作後，因免疫系統受到打擊的關係，酒更是少飲，多爲飲茶。因此，歐陽修飲茶的原因雖然不一定是爲了養生，但在飲茶的過程中，無形影響了身體，使病痛（主要是渴淋症）得以受到些許的控制。

而於歐陽修的詩文中，除了《感事》一詩之外，有提到關於茶之功效的

頁2398。

〔註68〕〔宋〕歐陽修撰，李逸安點校，《歐陽修全集》，《書簡》卷五，〈與王龍圖益柔九通〉之七，頁2438。

詩文，尚有《次韻再作》一詩。該詩中所提到的「論功可以療百疾，輕身久
服勝胡麻。我謂斯言頗過矣，其實最能袪睡邪。」〔註69〕四句，其中「論功
可以療百疾」一句，明確地表示出宋人對茶之功效的看法，此點已於上一節
中提過。由於歐陽修本身嗜飲茶，對茶的理解度頗高，因此，其在品飲茶的
同時，對茶的功效體悟很深，而讓他最印象深刻的，莫過於茶之提神效用，
是以其才會在詩文中強調茶的功用主要是「袪睡邪」。

〔註69〕〔宋〕歐陽修撰，李逸安點校，《歐陽修全集》，《居士集》卷七，〈次韻再作〉，
　　　　頁115。

第五章 結 論

　　歐陽修因對朝廷有功，且與朋友關係良好之故，使他除了在南郊大禮以及晚年辭官告老還鄉時，被宋仁宗賜茶之外，其好友蔡襄等人也常將自身所擁有的好茶寄贈予他，以作爲聯繫友誼之用。由於受到當時大環境的影響，加之飲茶可以使其健康受到一定程度的保障，並且增加文思的關係，使歐陽修除了嗜酒以外，亦喜好飲茶。而在這些條件結合下所產生的結果，其中之一便是《歐陽修全集》裡收錄了多篇首的茶詩、茶文。

　　從歐陽修所寫的茶詩、茶文，以及其與友人聯繫情誼的書信中，我們可以看出飲茶活動在宋代社會的盛行程度、文人之間以茶相交、用茶養生療病之情形，而不論是哪一種茶，只要是歐陽修本身有接觸過的，其都會爲之作詩，說明該茶的製作過程，以及民間風行的情況。

　　由於宋代屬於中國飲茶文化發展中，飲茶風氣極爲鼎盛的一個時期，因此，歐陽修等文人所著詩文，尤其是寫及茶產地、茶製法、民間風行情況等內容的茶詩、茶文，便成了研究該時代飲茶文化的重要資料。綜合本論文上述各章的論述，筆者有下列幾點體認：

　　一、宋代飲茶風氣極爲盛行，而在此背景之下，該時代的製茶業亦極爲興盛，當中的團茶、散茶精品更被列爲上貢物品，於民間頗難取得。歐陽修手中之團茶、散茶精品，來源主要有皇帝賞賜與友人寄贈兩大方面，因其官職較高，且交友廣泛的關係，與其他官職不高或者不曾任官的文人相比，較爲容易取得精品茶。

　　二、歐陽修手中的團茶精品——建茶，主要來自於福建北苑茶園。北苑茶園的興起，與宋代當時的氣候環境可能有所關連，而由於皇帝、文人等的

重視，使當時的社會對建茶趨之若鶩。相比於團茶，散茶較不為當時人所重視，但散茶中的精品品質與團茶精品相當，故品質上佳的散茶，亦會受到世人所歡迎，甚至有文人為之作詩文，歐陽修即是當中的一例。

三、茶的功用並不單純只是用來品飲，亦可用於交遊方面。歐陽修與梅堯臣的交情深厚，可從雙方的唱和詩文與書信往來之數量看出。其中在茶詩的唱和部分，雙方主要是從品嚐過的茶型，描寫出當時人們追求該種茶型或茶類（如建茶、雙井茶）的情況，甚至從飲茶談及自身思緒，以及彼此之間的情誼。

四、蔡襄因曾任福建轉運使，負責有關建茶上貢的事宜，故其所接觸過的團茶精品數量不少。也因為曾任職於福建地區，且對飲茶有莫大興趣之故，使其寫出了有關建茶的著作——《茶錄》。歐陽修除了常被其贈送餅茶之外，亦常受其贈送詩文。而在這當中，他也有收到蔡襄所寫的《茶錄》，並且為之作序、跋，由此可看出兩人交情之深。

五、除了梅堯臣、蔡襄之外，與歐陽修相互交遊的文人、道佛者亦不少。而在與友人交往時，歐陽修與對方會有相互贈茶或者茶具，甚至是吟詩唱和等行為，這點可從《歐陽修全集》所收錄之詩文書信看出。

六、茶的功效除了用於品飲、交遊之外，亦可用於養生療病，之所以會如此，與茶葉本身所含的成分有密切關係。而茶用於養生療病，於各朝醫典中多有記載，如按記載之內容來看，則茶具有針對眼疾、內分泌系統疾病等方面的治療功效。除此之外，泡茶所用的水之品質，亦會影響到茶的功效。

七、歐陽修嗜飲茶，與其自身健康狀況有密切關係。雖然從其詩文中，並不能明顯看出其飲茶與養生療病之間的關聯性，但如從身體健康狀況、茶詩數量增加的時間點以及對友人之書信等方面來看，可以從中推斷出茶對歐陽修的健康狀況，尤其是在針對渴淋病症狀之減緩及白內障方面，有何種程度的影響。

在此，筆者所要強調的是，由於宋代茶文化發展興盛的關係，使當時文官百姓皆將飲茶作為休閒活動之一，並把茶當作是與朋友聯繫友誼的物品，好友之間互相贈茶、茶具，甚至是茶詩、茶文，於宋代文人間已成為一種習慣。另外，茶於商業上的作用亦頗為重要，尤其在針對邊疆貿易上，茶所佔的地位很高，而民間所興起的茶坊、茶肆，對宋代社會文化也產生了不小的影響。

　　歐陽修除了將茶用於交友之外，還將茶用於幫助控制身體之病症上，使茶在其生活中所佔的地位頗重，因此，在研究歐陽修的日常生活時，除須著眼於其飲酒、飲食、交遊等方面之外，在有關飲茶與其生活方面，亦是值得注意的。

附　錄

附錄一　北宋團茶（片茶）產地分布圖

本圖根據《宋史》〈食貨志〉、《夢溪筆談》等相關資料，配合譚其驤《中國歷史地圖集・宋遼金時期卷》〔註1〕整理繪編。

〔註 1〕 譚其驤，《中國歷史地圖集》，第六冊，《宋遼金時期》，北京，中國地圖出版社，1996 年。

附錄二 北宋散茶產地分布圖

本圖根據《宋史》〈食貨志〉、《夢溪筆談》等相關資料，配合譚其驤《中國歷史地圖集‧宋遼金時期卷》整理繪編。

附錄三　北宋六榷貨務分布圖

大名府

海州

應天府

河南府　開封府

真州

無為軍

漢陽軍

荊南府　蘄州蘄口

● 榷貨務

本圖根據《宋史》〈食貨志〉、《夢溪筆談》等相關資料，配合譚其驤《中國歷史地圖集‧宋遼金時期卷》整理繪編。

附錄四　北宋十三山場分布圖

本圖根據《宋史》〈食貨志〉、《夢溪筆談》等相關資料，配合譚其驤《中國
歷史地圖集·宋遼金時期卷》整理繪編。

附錄五　北宋建州茶產地與負責受納建州茶之榷貨務位置圖

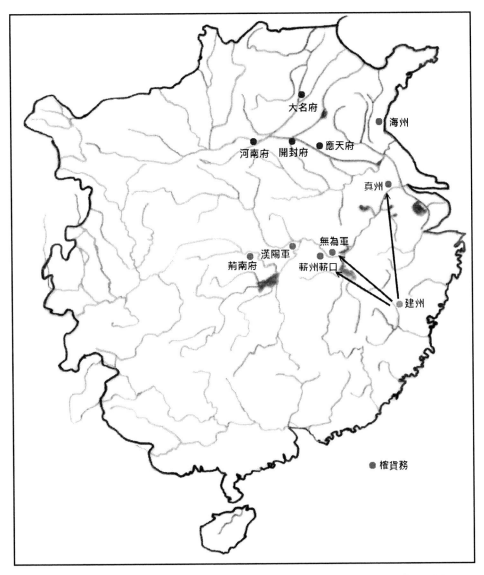

大名府

海州

河南府　開封府　應天府

真州

無為軍

漢陽軍

荊南府　蘄州蘄口

建州

榷貨務

本圖根據《宋史》〈食貨志〉、《夢溪筆談》等相關資料，配合譚其驤《中國歷史地圖集・宋遼金時期卷》整理繪編。

附錄六 《歐陽修全集》及日本天理大學所藏之歐陽修九十六篇書簡中茶詩、茶文及相關之詔令、奏議、書簡一欄表

茶詩部分（共十七首）		
卷　別	篇　名	提及或與茶相關之詩句／補充說明
《居士集》卷一	〈蝦蟆碚〉	陰精分月窟，水味標《茶錄》。 共約試春芽，槍旗幾時綠？
	〈憶山示聖俞〉	吾思夷陵山，山亂不可究。 東城一堁餘，高下漸岡阜。 群峰迤邐接，四顧無前後。 憶嘗衹吏役，鉅細悉經覯。 是時秋卉紅，嶺谷堆繢繡。 林枯松鱗皴，山老石脊瘦。 斷徑履頹崖，孤泉聽清溜。 深行得平川，古俗見耕耨。 澗荒驚麏奔，日出飛雉雛。 盤石屢欹眠，綠巖堪解綬。 幽尋嘆獨往，清興思誰侑。 其西乃三峽，嶮怪愈奇富。 江如自天傾，岸立兩崖鬥。 黔巫望西屬，越嶺通南奏。 時時縣樓對，雲霧昏白晝。 荒煙下牢戍，百仞寒溪漱。 蝦蟆噴水簾，甘液勝飲酎。 亦嘗到黃牛，泊舟聽猿狖。 巉巉起絕壁，蒼翠非刻鏤。 陰崖下攢叢，岫穴忽空透。 遙岑聳孤出，可愛欣欲就。 惟思得君詩，古健寫奇秀。 今來會京師，車馬逐塵塕。 頹冠各白髮，舉酒無蒨袖。 繁華不可慕，幽賞亦難遘。 徒爲憶山吟，耳熱助嘲詬。／此處的『蝦蟆』，指的是蝦蟆碚。
《居士集》卷六	〈答聖俞〉	濕薪熒熒煮薄茗，四顧壁立空無遺。

《居士集》卷七	〈嘗新茶呈聖俞〉	建安三千里，京師三月嘗新茶。 人情好先務取勝，百物貴早相矜誇。 年窮臘盡春欲動，蟄雷未起驅龍蛇。 夜聞擊鼓滿山谷，千人助叫聲喊呀。 萬木寒癡睡不醒，唯有此樹先萌芽。 乃知此爲最靈物，宜其獨得天地之英華。 終朝採摘不盈掬，通犀銙小圓復窊。 鄙哉穀雨槍與旗，多不足貴如刈麻。 建安太守急寄我，香蒻包裹封題斜。 泉甘器潔天色好，坐中揀擇客亦嘉。 新香嫩色如始造，不似來遠從天涯。 停匙起盞試水路，拭目向空看乳花。 可憐俗夫把金錠，猛火炙背如蝦蟆。 由來眞物有眞賞，坐逢詩老頻咨嗟。 須與共起索酒飲，何異奏雅終淫哇。
	〈次韻再作〉	吾年向老世味薄，所好未衰惟飲茶。 建溪苦遠雖不到，自少嘗見閩人誇。 每嗤江浙凡茗草，叢生狼藉惟藏蛇。 豈如含膏入香作金餅，蜿蜒兩龍戲以呀。 其餘品第亦奇絕，愈小愈精皆露芽。 泛之白花如粉乳，乍見紫面生光華。 手持心愛不欲碾，有類弄印幾成窊。 論功可以療百疾，輕身久服勝胡麻。 我謂斯言頗過矣，其實最能祛睡邪。 茶官貢餘偶分寄，地遠物新來意嘉。 親烹屢酌不知厭，自謂此樂眞無涯。 未言久食成手顫，已覺疾飲生眼花。 客遭水厄疲捧椀，口吻無異蝕月蟆。 童奴傍視疑復笑，嗜好乖僻誠堪嗟。 更蒙酬句怪可駭，兒曹助噪聲哇哇。
《居士集》卷九	〈雙井茶〉	西江水清江石老，石上生茶如鳳爪。 窮臘不寒春氣早，雙井芽生先百草。 白毛囊以紅碧紗，十斤茶養一兩芽。 長安富貴五侯家，一啜猶須三日誇。 寶雲日注非不精，爭心棄舊世人情。 豈知君子有常德，至寶不隨時變易。 君不見建溪龍鳳團，不改舊時香味色。
	〈送龍茶與許道人〉	我有龍團古蒼璧，九龍泉深一百尺。 憑君汲井試烹之，不是人間香味色。

《居士集》卷十	〈智蟾上人遊南岳〉	到時春尚早，收茗綠巖前。
《居士集》卷十一	〈初晴讀遊東山四五言六韻〉	冰下泉初動，煙中茗未芽。
《居士集》卷一二	〈依韻答杜相公寵示之作〉	壯志銷磨都已盡，看花翻作飲茶人。
	〈答杜相公惠詩〉	藥苗本是山家味，茶具偏於野客宜。
	〈和梅公儀嘗茶〉	溪山擊鼓助雷驚，逗曉靈芽發翠莖。摘處兩旗香可愛，貢來雙鳳品尤精。寒侵病骨唯思睡，花落春愁未解醒。喜共紫甌吟且酌，羨君蕭灑有餘清。
《居士集》卷一三	〈和原父揚州六題〉時會堂二首／此六題中有四首內容沒有提及茶，但仍與茶貢地有關，故在此不提另外四首。	積雪猶封蒙頂樹，驚雷未發建溪春。中州地暖萌芽早，入貢宜先百物新。 憶昔嘗修守臣職，先春自探兩旗開。誰知白首來辭禁，德與金鑾賜一杯。
《居士集》卷一四	〈感事〉	病骨瘦便花蕊暖，煩心渴喜鳳團香。
《居士外集》卷三	〈寄聖俞〉	雪消深林自劚筍，人響空山隨摘茶。
《居士外集》卷六	〈普明院避暑〉	就簡刻筠粉，浮甌烹露芽。

茶文部分（共七篇條，三記、一序、一跋、錄二條）

卷　別	篇　名	提　及　茶　之　段　落
《居士集》卷三九	〈夷陵縣至喜堂記〉	……然不知夷陵風俗樸野，少盜爭，而令之日食有稻與魚，又有橘、柚、茶、筍四時之味，江山美秀，而邑居繕完，無不可愛。
《居士集》卷四十	〈浮槎山水記〉	第一、二段。（以水為主）
《居士外集》卷一四	〈大明水記〉	全文皆是。（以水為主）
《居士外集》卷一五	《龍茶錄》後序〉	全文皆是。
《居士外集》卷二三	〈跋茶錄〉	君謨小自新出而傳者二，《集古錄》橫逸飄發，而《茶錄》勁實端嚴，為體雖殊，而各極奇妙。
《歸田錄》卷一		臘茶出於劍、建，草茶盛於兩浙，兩浙之品，日鑄為第一。自景祐已後，洪州雙井白芽漸盛，近歲製作尤精，囊以紅紗，不過一二兩，以常茶十數斤養之，用辟暑濕之氣。其品遠出日鑄上，遂成草茶第一。

《歸田錄》卷二		茶之品，莫貴於龍、鳳，謂之團茶，凡八餅重一斤。慶曆中，蔡君謨為福建路轉運使，始造小片龍茶以進，其品絕精，謂之小團，凡二十餅重一斤，其價直金二兩。然金可有而茶不可得，每因南郊致齋，中書、樞密院各賜一餅，四人分之。宮人往往縷金花於其上，蓋其貴重如此。
詔令部分（共二十二篇）		
卷　別	篇 名 ／ 時 間	
《內制集》卷一	〈恩州賜契丹皇太后賀正旦人使茶藥口宣〉／至和元年十一月十五日	
	〈恩州賜契丹皇帝賀正旦人使茶藥口宣〉／至和元年十一月十五日	
	〈恩州賜契丹皇太后賀正旦大使茶藥詔〉／至和元年十一月十五日	
	〈恩州賜契丹皇太后賀正旦副使茶藥詔〉／至和元年十一月十五日	
	〈恩州賜契丹皇帝賀正旦大使茶藥詔〉／至和元年十一月十五日	
	〈恩州賜契丹皇帝賀正旦副使茶藥詔〉／至和元年十一月十五日	
《內制集》卷二	〈賜新除宰臣富弼赴闕茶藥口宣〉／至和二年六月十八日	
	〈賜新除昭德軍節度使知鄆龐籍赴闕茶藥詔〉／至和二年七月二十一日	
《內制集》卷三	〈賜侍衛親軍步軍副都指揮使涇州觀察使王凱赴闕茶藥口宣〉／至和三年閏三月二十五日	
	〈賜鎮東軍節度觀察留後知潁州李端愿赴闕茶藥詔〉／至和三年四月八日	
《內制集》卷五	〈賜契丹國告哀人使茶藥口宣〉／嘉祐三年正月十九日	
	〈沿路賜契丹國告哀人使赴闕茶藥口宣〉／嘉祐三年正月十九日	
	〈恩州賜契丹遺留使副茶藥口宣〉／嘉祐三年三月二十八日	
	〈賜知舒州齊廓進新茶并知廣德軍浦延熙進先春茶敕書〉	
	〈通商茶法詔〉／嘉祐四年二月四日	
《內制集》卷六	〈恩州賜契丹皇太后賀乾元節大使茶藥詔〉／嘉祐四年二月二十四日	
	〈恩州賜契丹皇太后賀乾元節副使茶藥詔〉／嘉祐四年二月二十四日	

	〈恩州賜契丹皇帝賀乾元節大使茶藥詔〉／嘉祐四年二月二十四日
	〈恩州賜契丹皇帝賀乾元節副使茶藥詔〉／嘉祐四年二月二十四日
	〈恩州賜契丹皇太后賀乾元節人使茶藥詔〉
	〈恩州賜契丹皇帝賀乾元節人使茶藥詔〉
	〈賜步軍副都指揮使涇州觀察使秦鳳路副都部署王凱赴闕茶藥口宣〉／嘉祐四年六月二十五日
奏議部分（共二篇）	
卷　別	篇　　　名
《奏議》卷十	〈論與西賊大斤茶箚子〉
《奏議》卷十六	〈論茶法奏狀〉
書簡部分（共十七篇）	
卷　別	篇　　　名
《居士外集》卷一九	〈與尹師魯第一書〉
《書簡》卷二	〈與蘇丞相子容十一通〉之六
	〈與韓肅獻公子華一通〉
《書簡》卷四	〈與章伯鎮五通〉之五
	〈與臨池院主一通〉
	〈與李留後公謹八通〉之八
《書簡》卷五	〈與劉侍讀原父二十七通〉之二十四
	〈與常侍制夷甫十通〉之三
《書簡》卷六	〈與梅聖俞四十六通〉之三十七
	〈與梅聖俞四十六通〉之四十六
《書簡》卷七	〈與費縣蘇殿丞二通〉之一
《書簡》卷八	〈與刁學士約一通〉
《書簡》卷九	〈與薛少卿公期二十通〉之一
	〈與陳比部力七通〉之二
《書簡》卷十	〈與大寺丞發十一通〉之四
《寶眞齋法書贊》卷十	〈索碑帖〉
《後村先生大全集》卷一百三	〈與蔡君謨帖〉之四

日本天理大學所藏之九十六篇書簡中，含茶部分書信
篇　　名
〈與蔡忠惠公〉書第三
〈與蔡忠惠公〉書第六
〈與蔡忠惠公〉書第八
〈答張仲通〉書第一

徵引書目

史　料

1. 〔唐〕王燾,《外臺秘要》,北平,人民出版社,1955 年。

2. 〔唐〕孟顯撰,〔唐〕張鼎增補,鄭金生、張同君譯注,《食療本草》,上海,上海古籍出版社,2013 年。

3. 〔唐〕張又新,〈煎茶水記〉,收錄於阮浩耕、沈冬梅、于良子點校注釋,《中國古代茶葉全書》,杭州,浙江攝影出版社,1999 年。

4. 〔唐〕陳藏器,《本草拾遺》,收錄於〔宋〕李昉等編,《太平御覽》,台北,台灣商務印書館,1997 年。

5. 〔唐〕陸羽等著,宋一明譯著《茶經譯著(外三種)》,上海,上海古籍出版社,2009 年。

6. 〔唐〕盧仝,《玉川子詩集》,台北,台灣商務印書館,1967 年。

7. 〔唐〕蘇敬,《新修本草》,收錄於新文豐出版公司編輯,《叢書集成續編·應用科學類》,第八十五冊,台北,新文豐出版公司,1989 年。

8. 〔唐〕蘇廙,〈十六湯品〉,收錄於阮浩耕、沈冬梅、于良子點校注釋,《中國古代茶葉全書》,杭州,浙江攝影出版社,1999 年。

9. 〔宋〕丁謂,《北苑茶錄》殘篇,收錄於阮浩耕、沈冬梅、于良子點校注釋,《中國古代茶葉全書》,杭州,浙江攝影出版社,1999 年。

10. 〔宋〕太醫局編,《增廣太平惠民和劑局方》,收錄於《故宮珍本叢刊》第 364 冊,《增廣太平惠民和劑局方》等七種,海南海口,海南出版社,2000 年。

11. 〔宋〕王懷隱等編,《太平聖惠方》,北京,人民衛生出版社,1958 年。

12. 〔宋〕宋子安,《東溪試茶錄》,收錄於阮浩耕、沈冬梅、于良子點校注釋,《中國古代茶葉全書》,杭州,浙江攝影出版社,1999 年。

13. 〔宋〕宋徽宗趙佶，《聖濟總錄》，北京，人民衛生出版社，1962年。

14. 〔宋〕沈括，《夢溪筆談》，北京，團結出版社，2002年。

15. 〔宋〕周絳，《補茶經》，收錄於阮浩耕、沈冬梅、于良子點校注釋，《中國古代茶葉全書》，杭州，浙江攝影出版社，1999年。

16. 〔宋〕唐庚，〈鬥茶記〉，收錄於阮浩耕、沈冬梅、于良子點校注釋，《中國古代茶葉全書》，杭州，浙江攝影出版社，1999年。

17. 〔宋〕張舜民，《畫墁錄》，收錄於趙維國整理，上海師範大學古籍整理研究所編著，《全宋筆記》，鄭州，大象出版社，2006年。

18. 〔宋〕梅堯臣著，朱東潤編年校注，《梅堯臣集編年校注》，上海，上海古籍出版社，2006年。

19. 〔宋〕黃儒，《品茶要錄》，收錄於阮浩耕、沈冬梅、于良子點校注釋，《中國古代茶葉全書》，杭州，浙江攝影出版社，1999年。

20. 〔宋〕葉清臣，〈述煮茶泉品〉，收錄於阮浩耕、沈冬梅、于良子點校注釋，《中國古代茶葉全書》，杭州，浙江攝影出版社，1999年。

21. 〔宋〕熊蕃，《宣和北苑貢茶錄》，收錄於阮浩耕、沈冬梅、于良子點校注釋，《中國古代茶葉全書》，杭州，浙江攝影出版社，1999年。

22. 〔宋〕趙汝礪，《北苑別錄》，收錄於阮浩耕、沈冬梅、于良子點校注釋，《中國古代茶葉全書》，杭州，浙江攝影出版社，1999年。

23. 〔宋〕趙佶，《大觀茶錄》，收錄於阮浩耕、沈冬梅、于良子點校注釋，《中國古代茶葉全書》，杭州，浙江攝影出版社，1999年。

24. 〔宋〕劉異，《北苑拾遺》，收錄於阮浩耕、沈冬梅、于良子點校注釋，《中國古代茶葉全書》，杭州，浙江攝影出版社，1999年。

25. 〔宋〕劉敞，《公是集》，台北，新文豐出版公司，1984年。

26. 〔宋〕歐陽修著，洪本健校箋，《歐陽修詩文集校箋》，上海，上海世紀出版股份有限公司、上海古籍出版社出版發行，2009年。

27. 〔宋〕歐陽修撰，李之亮箋注，《歐陽修集編年箋注》，成都，巴蜀書社，2007年。

28. 〔宋〕歐陽修撰，李逸安點校，《歐陽修全集》，北京，中華書局，2009年。

29. 〔宋〕蔡絛，《鐵圍山叢談》，北京，中華書局，1997年。

30. 〔宋〕蔡襄，《茶錄》，收錄於阮浩耕、沈冬梅、于良子點校注釋，《中國古代茶葉全書》，杭州，浙江攝影出版社，1999年。

31. 〔宋〕蔡襄著，陳慶元、歐銘俊、陳貽庭校注，《蔡襄全集》，福州，福建人民出版社，1999年。

32. 〔元〕脫脫等著，《宋史》，台北，台灣商務印書館，1988年。

33. 〔明〕李時珍編纂，劉衡如、劉山永校注，《本草綱目》，北京，華夏出版社，2004 年。

專　著

1. 于觀亭，《中國茶經》，北京，外文出版社，2009 年。
2. 于觀亭、解榮海、陸堯編著，《中國茶膳》，北京，中國農業出版社，2003年。
3. 中國醫藥雜誌社主編，《常用中藥材圖鑑》，台北，渡假出版社，1999 年。
4. 王仁湘、楊煥新合著，《飲茶史話》，北京，社會科學文獻出版社，2012年。
5. 石玉鳳主編，《人體經絡速查輕圖典：痛則不通，通則不痛！》，台北，三采文化出版事業有限公司，2010 年。
6. 石韶華，《宋代詠茶詩研究》，台北，文津出版社，1996 年。
7. 朱自振、沈漢著，《中國茶酒文化史》，台北，文津出版社，1995 年。
8. 沈冬梅，《茶與宋代社會生活》，北京，中國社會科學出版社，2007 年。
9. 姚國坤、王存禮、程啟坤等著，《中國茶文化》，台北，洪葉文化，1994年。
10. 党毅，陳虎彪編著，《茶療》，香港，萬里機構・德利書局出版，2011 年。
11. 陳宗懋主編，《中國茶經》，上海，上海文化出版社，1992 年。
12. 陳珲、呂國利合著，《中華茶文化尋蹤》，北京，中國城市出版社，2000年。
13. 鄒逸麟，《中國歷史地理概述》，上海，上海教育出版社，2007 年。
14. 劉德清，《歐陽修傳》，哈爾濱，哈爾濱出版社，1995 年。
15. 鄭金生，《中國古代養生》，台北，台灣商務印書，1998 年。
16. 關陳麗麗，《草本茶療－春夏篇》，香港，圓方出版社，2011 年。
17. 關陳麗麗，《草本茶療－秋冬篇》，香港，圓方出版社，2011 年。

相關國外研究

1. 〔日〕東 英壽，〈新見九十六篇歐陽修散佚書剪輯存稿〉，《中華文史論叢》第 105 期（上海：上海古籍出版社，2012），頁 1～29。
2. 〔日〕高橋 忠彥，〈宋詩より見た宋代の茶文化〉，《東洋文化研究所紀要》第 115 冊（東京：東京大學東洋文化研究所，1991），頁 61～122。
3. Stephen H. West. "Cilia, Scale and Bristle: The Consumption of Fish and Shellfish in The Eastern Capital of The Northern Song". *Harvard Journal of Asiatic Studies,* Vol. 47, No. 2, (Beijing 1987), pp. 595-634.
4. Colin Hawes. "Mundane Transcendence: Dealing with the Everyday in Ouyang

Xiu's Poetry". *Chinese Literature: Essays, Articles, Reviews (CLEAR),* Vol. 21, (USA 1999), pp. 99-129.

相關研究文章

1. 方建,〈梅堯臣茶詩注析〉,《農業考古》1991 年第 4 期,(江西南昌:江西省社會科學院,1991),頁 159～163。

2. 方建,〈梅堯臣茶詩注析(續)〉,《農業考古》1992 年第 2 期,(江西南昌:江西省社會科學院,1998),頁 137～145。

3. 江正誠,〈歐陽修的健康情形〉,《中華文化復興月刊》第十五卷第十期,(台北:中華文化復興運動推行委員會,1982),頁 52～57。

4. 余悅、周春蘭,〈中國宋代茶文化的繁榮與特色〉,《農業考古》2007 年第 2 期,(江西南昌:江西省社會科學院,2007),頁 22～26。

5. 余悅、周春蘭,〈中國宋代茶文化的繁榮與特色(續)〉《農業考古》2007 年第 5 期,(江西南昌:江西省社會科學院,2007),頁 21～32。

6. 余悅、馮文開、王立霞,〈北宋茶詩與文士情趣簡論〉,《河北學刊》第 27 卷第 6 期,(河北石家莊:河北省社會科學院,2007),頁 142～146。

7. 吳大順,〈宋詩新質與歐梅唱和〉,《晉揚學刊》2003 年第 5 期,(山西太原:山西省社會科學院,2003),頁 80～84。

8. 吳金水、陳偉明,〈宋詩與茶文化〉,《農業考古》2001 年第 4 期,(江西南昌:江西省社會科學院,2001),頁 173～175。

9. 李亞靜,〈淺論宋代茶事茶詞與文人生活〉,《青海民族大學學報〔教育科學〕》2007 年第 3 期,(青海西寧:青海民族大學,2007),頁 32～34。

10. 李娟,〈茶──宋代文人社會交往的媒介〉,《農業考古》2006 年第 5 期,(江西南昌:江西省社會科學院,2006),頁 49～53。

11. 沈冬梅,〈論宋代北苑官焙貢茶〉,《浙江社會科學》1997 年第 4 期,(浙江杭州:浙江省社會科學界聯合會,1997),頁 98～102。

12. 林今圃,〈梅堯臣詩贊蔡襄的書法與茶葉〉,《福建茶葉》2010 年第 5 期,(福建福州:福建省茶葉學會,2010),頁 56～57。

13. 林更生,〈蔡襄和他的《茶錄》〉,《農業考古》1993 年第 2 期,(江西南昌:江西省社會科學院,1993),頁 247～249、252。

14. 邱瑰華,〈歐陽修與梅堯臣交遊繫年〉,《滁州學院學報》第 13 卷第 3 期,(安徽滁州:滁州學院,2011),頁 6～9、11。

15. 金五德,〈從古代詩人題詠看飲茶功效〉,《湖南涉外經濟學院學報》第 6 卷第 4 期,(湖南長沙:湖南涉外經濟學院,2006),頁 76～78。

16. 施由明,〈論茶與宋代文人的生活情趣〉,《農業考古》2011 年第 2 期,(江西南昌:江西省社會科學院,2011),頁 24～29。

17. 胡長春，〈中國文人與茶文化〉，《農業考古》2006 年第 2 期，（江西南昌：江西省社會科學院，2006），頁 26～30。

18. 馬舒，〈梅堯臣與建茶〉，《福建茶葉》1997 年第 3 期，（福建福州：福建省茶葉學會，1997），頁 48。

19. 馬舒，〈煩心渴喜鳳團茶——歐陽修和建茶及其消渴症〉，《福建茶葉》1998 年第 1 期，（福建福州：福建省茶葉學會，1998），頁 48。

20. 張仲謀，〈梅堯臣、歐陽修交誼考辨〉，《徐州師範大學學報（哲學社會科學版）》1992 年第 4 期，（江蘇徐州：江蘇師範大學，1992），頁 51～54。

21. 張威、王林，〈唐宋貢茶之比較研究〉，《黑龍江史志》2010 年第 17 期，（黑龍江哈爾濱：黑龍江省地方志辦公室、黑龍江省地方志學會、當代黑龍江研究所，2010），頁 9、17。

22. 莊晚芳，〈蔡襄對福建烏龍茶的貢獻〉，《農業考古》1992 年第 4 期，（江西南昌：江西省社會科學院，1992），頁 176～177。

23. 陳公望，〈梅堯臣與歐陽修〉，《牡丹江師範學院學報（哲學社會科學版）》1995 年第 4 期，（黑龍江牡丹江：牡丹江師範學院，1995），頁 30～34。

24. 揚之水，〈兩宋茶詩與茶事〉，《文學遺產》2003 年第 2 期，（北京：中國社會科學院文學研究所，2003），頁 69～80、143。

25. 黃桃紅，〈歐陽修與梅堯臣的眞摯情意〉，《蘭臺世界》2009 年第 3 期，（遼寧瀋陽：遼寧省檔案局、遼寧省檔案學會，2009），頁 55。

26. 虞文霞，〈一支一葉總關情——宋代士人與茶文化淺談〉，《農業考古》2008 年第 2 期，（江西南昌：江西省社會科學院，2008），頁 43～50。

27. 虞文霞，〈文人雅士入茶來——也談宋代茶文化大發展〉，《農業考古》2003 年第 4 期，（江西南昌：江西省社會科學院，2003），頁 51～55。

28. 劉德清，〈歐陽修詠茶詩的文化意蘊〉，《農業考古》2007 年第 2 期，（江西南昌：江西省社會科學院，2007），頁 114～117。

29. 樊如霞，〈宋代飲茶文化與蔡襄《茶錄》〉，《福州大學學報（社會科學版）》第 10 卷 4 期，（福建福州：福州大學，1996），頁 58～61。

30. 樊如霞，〈宋代福建北苑貢茶與蔡襄《茶錄》的問世〉，《閩江學院學報》第 28 卷第 4 期，（福建福州：閩江學院，2007），頁 25～28。

31. 歐明俊，〈從新發現的 96 通書簡看歐陽修的日常生活〉，《武漢大學學報（人文科學版）》第 65 卷第 3 期，（湖北武漢：武漢大學，2012），頁 35～38。

32. 歐明俊，〈歐陽修與蔡襄〉，《福建論壇（文史哲版）》1998 年第 4 期，（福建福州：福建社會科學院，1998），頁 72～73。

33. 鞏志，〈漫話宋代北苑貢茶〉，《農業考古》1998 年第 2 期，（江西南昌：江西省社會科學院，1998），頁 209～212。

34. 錢時霜,〈歐陽永叔與茶〉,《福建茶葉》1986 年第 1 期,(福建福州:福建省茶葉學會,1986),頁 40～42。

35. 錢時霜,〈歐陽修與茶續兼論六一居士對茶文化的貢獻〉,《福建茶葉》1992年第 4 期,(福建福州:福建省茶葉學會,1992),頁 39～43。

36. 薛芳蕓,〈宋代文人養生的主要方法探究〉,《醫學與哲學(人文社會醫學版)》第 31 卷第 8 期,(遼寧大連:中國自然辯證法研究會,2010),頁 58～59。

37. 羅春蘭、潘永幼,〈從茶詩詞看宋代品茗風尚〉,《農業考古》2008 年第 2 期,(江西南昌:江西省社會科學院,2008),頁 172～177。

38. 顧大朋,〈《梅堯臣集編年校注》補正〉,《古籍整理研究學刊》2012 年第 6 期(吉林長春:東北師範大學古籍整理研究所,2012),頁 52～59。

相關研究論文

1. 余玥貞,《唐宋時期的茶知識與飲茶文化——一個生活史的研究》,台灣大學歷史研究所碩論(2007)。

2. 馮文開,《北宋茶詩與文人情趣》,南昌大學中國古代文學碩論(2006)。

3. 劉倩,《北宋茶詩的文化蘊涵及其功用研究》,中南民族大學中國古代文學碩論(2009)。

4. 鄧敏,《宋代文人的茶詩生活與交誼》,南昌大學中國古代文學碩論(2012)。

工具書

1. 中國歷史大辭典編纂委員會,《中國歷史大辭典》,上海,上海辭書出版社,2001 年第五次印刷版。

2. 王鎮恆、王廣智主編,《中國名茶志》,北京,中國農業出版社,2008 年。

3. 陳宗懋主編,《中國茶葉大辭典》,北京,中國輕工業出版社,2000 年。

4. 虞云國主編,《宋代文化史大辭典》,上海,漢語大詞典出版社,2006 年。

5. 熊四智主編,《中國飲食詩文大典》,山東 青島,青島出版社,1995 年。

6. 譚其驤主編,《中國歷史地圖集》,北京,中國地圖出版社,1996 年。

7. 龔延明編著,《宋代官制辭典》,北京,中華書局,2007 年第二次印刷版。

附錄一　論唐宋飲茶文化

一、前言——「茶」字演變、唐宋茶書概況與飲茶起源

　　中國飲茶文化初創於秦漢，發展於唐及五代十國，並在宋元時期開始進行變革，最終於明清時代集大成，成為人們生活中不可缺少的一部分。

　　有關中國飲茶文化的發展，如按文獻內容的紀載來看，最早可追溯至上古時代。唐·陸羽《茶經》記載：

　　　　茶之為飲，發乎神農氏，聞於魯周公。〔註1〕

從這段記載可以得知，茶的品飲情況早在上古時代就已出現，但真正開始擴散到中國各地，則是在周朝，甚至是秦漢以後。另外，從《爾雅》〈釋木〉篇中的記載，我們可以得知，茶的名稱在早期並不定。該記載如下：

　　　　檟，苦荼。〔註2〕

此條有晉·郭璞註：

　　　　樹小如梔子，冬生葉，可煮做羹飲。今乎早采者為荼，晚取者為茗。

　　　　一名荈，蜀人名之苦荼。〔註3〕

從此條記載我們可以知道，茶最早並不只稱為「荼」，其他像是「檟」、「荼」、

〔註1〕　〔唐〕陸羽等著，宋一明譯著《茶經譯著（外三種）》（上海：上海古籍出版
　　　　社，2009），〈六之飲〉，頁38。
〔註2〕　〔晉〕郭璞注，〔宋〕邢昺疏，王世偉整理，《爾雅》（上海：上海古籍出版社，
　　　　2010），卷下，疏卷第八，〈釋草〉第十三，頁399。
〔註3〕　〔晉〕郭璞注，〔宋〕邢昺疏，王世偉整理，《爾雅》，卷下，疏卷第八，〈釋
　　　　草〉第十三，頁399。

「茗」、「荈」等，亦是用來代指茶的字詞。而在這些字詞當中，最早出現在典籍記載裡的，是「荼」。

中國有提到「荼」字的典籍記載頗多，其中，《詩經》的〈邶風‧谷風〉篇裡記載：

誰謂荼苦，其甘如薺。〔註4〕

「荼」字本身的意思，如從《爾雅》的內文來看，基本上有兩種解釋，一是茶，另一個則是味道偏苦的野菜。換言之，因茶在早期並非被當成飲品，而是食材、藥材之故，所以「荼」就成了茶的主要名稱之一。但「荼」並不單指茶，這點在宋‧王楙《野客叢書》裡，有相關之說明：

世謂古之荼，即今之茶，不知荼有數種，非一端也。……惟荼檟之荼，乃今之茶也。〔註5〕

此段敘述說明了「荼」因有好幾種解釋的關係，所以只有在與「檟」通用時，「荼」才可以用在解釋「茶」上。

由「荼」至「茶」的演變，象徵了茶在中國由食材、藥材轉變成主要飲品的過程，而這個轉變發生在唐代。根據清代學者顧炎武的考證，「茶」這個字出現在唐武宗會昌元年（公元八四一年），柳公權所書寫的《玄祕塔碑銘》，以及唐宣宗大中九年（西元八五五年），裴休書所書寫的《圭峰禪師碑》上，於此之前，茶聖陸羽在書寫《茶經》時，就已經把「荼」和「茶」兩字交替使用，換言之，「荼」字減一畫變「茶」字，並且確定其形、音、義的時間，大約是在中唐以後。〔註6〕

飲茶文化的興盛以及發展之活躍程度，可從茶書數量的多寡看出端倪。就目前已知的中國歷代茶書來看，如以朝代進行分類，則唐代（包括五代十國）大約出現有十三部，現存約四部，輯佚三部，已佚六部。宋元時期所出現的茶書大約有三十一部，現存約十二部，輯佚四部，已佚十五部；明代為中國茶書論著最多的時代，共出有六十八部，其中現存約三十三部，輯佚六部，已佚二十九部；清代茶書共有十七部，現存八部，已佚九部。〔註7〕

〔註4〕馬持盈註釋，《詩經今譯今註》（台北：台灣商務印書館，1998），頁 57。

〔註5〕〔宋〕王楙，《野客叢書》，卷二十一〈蘭茶二種〉，收錄於〔清〕紀昀等編纂，文津閣《四庫全書》（北京：商務印書館，2005），子部‧雜家類，第二八二冊，頁 57。

〔註6〕劉修明，《中國古代飲茶與茶館》（台北：台灣商務印書館，2000），頁 3。

〔註7〕阮浩耕、沈冬梅、于良子點校注釋，《中國古代茶葉全書》（杭州：浙江攝影

如上所述，中國歷代茶書以明代出現最多，宋代次之，清代更次，唐代最少，而造成這種情況的原因，除了與飲茶風氣的盛行程度有關之外，其他像是成書時間距今遠近、社會是否有動亂不安的情況、該朝代統治時間的長短等，也都會導致茶書在數量上的差異，甚至出現茶書佚失或者內容缺散的情形。

唐代因是飲茶風氣剛開始盛行的朝代，且距今時代較遠，可能有書籍因為戰亂的關係而亡佚，故所存茶書資料不多；相較於此，宋代以降各朝因發生戰亂的次數較少，且距今時代較近，所以留存下來的茶書數量相對而言就比較多。以下便以茶書、與茶相關之詩文及正史資料等，對唐宋飲茶文化進行簡略探討。

二、唐宋茶區演變

中國的茶葉產地，大致分布在長江流域附近及以南地區，也就是現今兩湖、兩廣、浙江、安徽、江西、四川、貴州、福建等地，少部分分布在黃河以南至長江以北的地界，之所以會如此，一方面是因為氣候變遷和植物習性，另一方面則是在於種植培育技術進步的關係，不過，或許是受到種植環境不同的影響，導致各地所產的茶之味道各有差異，也各有特色。

唐代茶區主要分布在江淮流域，據《茶經》記載，唐代的茶以產自山南道峽州（今湖北宜昌一帶）、淮南光州（今河南光山一帶）、浙西湖州（今浙江湖州一帶）、劍南彭州（今四川彭州一帶）、浙東越州（今浙江紹興、餘姚一帶）等地為最佳，襄州、荊州、義陽郡（今河南信陽、羅山一帶）、舒州、常州、綿州、蜀州、明州、婺州等地次之。另外，黔中道、江南道、嶺南道等地亦有茶出產。〔註 8〕如將這些地點於地圖上進行標記，則會發現，《茶經》上所提及的好茶產地，基本都分布在長江淮河流域，少部分在其他地區。

唐代茶區分布圖如下：

出版社，1999），頁 3～4。
〔註 8〕 〔唐〕陸羽等著，宋一明譯著《茶經譯著（外三種）》，〈八之出〉，頁 66～77。

京城(長安)

● 唐代貢茶產區

● 唐代其他茶區

本局部圖根據陸羽《茶經》之內文，配合譚其驤《中國歷史地圖集·隋唐五代十國時期卷》整理繪編。

除上述所提及之地區外，其他像是思州、播州、費州、夷州、鄂州、袁州、吉州、福州、建州、泉州、韶州、象州等，從《茶經》中可以得知，此十一州亦有產茶，但於唐代並非主要茶區，因此相關資料不多，不過陸羽對這些地區所產的茶有相當高之評價。

相較於唐代，宋代的主要茶區因國土偏南，氣候變遷等緣故，有南移的趨勢。於筆者的碩士論文《歐陽修的飲茶生活》中有提到，中國茶葉的採摘時間，由南到北，大致上是在冬末春初到春末夏初之間，然而，因宋代部分地區的氣候並不穩定之故，導致茶區出現了局部性的更動。

在有關氣候變遷方面，根據現代歷史地理學者及氣候學者的研究來看，西元十世紀中葉至十二世紀末，也就是北宋初期至南宋中期，中國東部地區

曾經遇到數次低溫期，而此低溫期所造成的影響，範圍最遠乃至嶺南地區。換言之，宋代茶區南移雖與氣候上的溫度變化有關，但此溫度變化並非全球整體性的發展，而是部分地區的氣溫波動。〔註9〕

　　由於茶園所處的東半部地區曾多次遇到低溫期更替之故，在這種情況下，宋代若要依唐代之茶區來進行例行性的上貢，那麼，貢茶就無法於新春時期送入京城，這也就是說，宋朝廷如要在新春時期就能品嘗到新的貢茶，便勢必要將貢茶產地南移至溫度變化較為穩定的地區。

　　宋代的茶葉產地，因茶型不同的關係，大致上可分成兩個範圍——宋代團茶的產地，以嶺南地區，即今日福建一帶所出產的品質最佳，時稱「北苑貢茶」或「北苑茶」。另外，在荊湖南北路（今湖南、湖北一帶）、江南東西路（今安徽、江西一帶）及兩浙路（今江蘇南部及浙江一帶）等地亦有團茶出品，只是因為這些地區的茶之熟成時間較福建要晚，因此即便有上貢的珍品、精品，品次也較北苑茶要差。

　　如前所述，宋代團茶產地以嶺南地區為主，荊湖、江南等地為次，原因乃是在於氣候變化及國土南遷等，而原為唐代貢茶產區的荊湖、江南地區之茶園，並沒有因為主要貢茶茶園的範圍南移而廢棄，只是出品不再單以團茶為主，而是採團、散茶皆有，甚至單出散茶或以散茶為主，團茶為次的出品情況發展。

三、唐宋泡茶用水

　　在講述茶型之前，我們必須先從泡茶用水方面提起。如就唐・陸羽《茶經》的內文來看，古人對泡茶用水的品質要求很高。《茶經》〈五之煮〉記載：

> 其水，用山水上，江水中，井水下。其山水，揀乳泉、石池慢流者
> 上：其瀑涌湍漱，勿食之，久食令人有頸疾。又多別流於山谷者，
> 澄浸不洩，自火天至霜郊以前，或潛龍蓄毒於其間，飲者可決之，
> 以流其惡，使新泉涓涓然，酌之。其江水取去人遠者，井水取汲多
> 者。〔註10〕

　　在陸羽的眼中看來，最適合用來泡茶的水，無非就是我們現代人所謂的山泉水，其次是離人煙較遠的江水，最後才是井水，只不過，或許是因為《茶

〔註 9〕 鄒逸麟，《中國歷史地理概述》（上海：上海教育出版社，2007），頁 15～17。
〔註10〕 〔唐〕陸羽等著，宋一明譯著《茶經譯著（外三種）》，〈五之煮〉，頁 33。

經》本身所講的內容，大多與茶本身比較有關，是以就內容方面而言，對泡茶用水的敘述反而只有寥寥數句。

相較於《茶經》有關泡茶用水的敘述，唐代張又新所寫的〈煎茶水記〉裡，對泡茶用的水品有著更詳細之敘述：

> ……稱較水之與茶宜者，凡七等：揚子江南零水第一；無錫惠山寺石泉水第二；蘇州虎丘寺石泉水第三；丹陽縣觀音寺水第四；揚州大明寺水第五；吳松江水第六；淮水最下，第七。〔註11〕

在唐代，最剛開始是把水分成七品，其中有四品出自於寺院，三品出自於江水，換言之，一般的井水、江水，基本上是入不了這些泡茶者眼中的。至唐憲宗元和年間以後，水品從原本的七等細分成二十等，主要還是以山泉水為泡茶用水之上品。〈煎茶水記〉又載：

> 余與李德垂先至，憩西廂玄鑒室……至維揚，逢陸處士鴻漸……陸曰：『楚水第一，晉水最下。』李因命筆，口授而次第之：廬山康王谷水簾水第一；無錫縣惠山寺石泉水第二；蘄州蘭溪石下水第三；陝州扇子山下有石突然，洩水獨清冷，狀如龜形，俗云蛤蟆口水，第四；蘇州虎丘寺石泉水第五；廬山招賢寺下方橋潭水第六；揚子江南零水第七；洪州西山西菱瀑布水第八；唐州柏岩縣淮水源第九；廬州龍池山嶺水第十；丹陽縣觀音寺水第十一；揚州大明寺水第十二；漢江金州上游中零水第十三；歸州玉虛洞下香溪水第十四；商州武關西洛水第十五；吳松江水第十六；天台山西南風千丈瀑布水第十七；郴州圓泉水第十八；桐廬嚴陵灘水第十九；雪水第二十。〔註12〕

從這些水的品等，我們可以看出，唐代對於煮茶、泡茶所用之水，要求甚高，原則上大多採用山泉水或自然界所凝結之水，亦即現今所謂之「軟水」進行煮飲，而這點到了宋代也都還是如此。

宋代葉清臣所著之〈述煮茶泉品〉中，便有講到張又新〈煎茶水記〉中的水品分等，〔註13〕而宋徽宗趙佶所著之《大觀茶論》裡，亦有對泡茶之水的品質做了說明：

〔註11〕〔唐〕張又新，〈煎茶水記〉，收錄於阮浩耕、沈冬梅、于良子點校注釋，《中國古代茶葉全書》，頁29。

〔註12〕〔唐〕張又新，〈煎茶水記〉，收錄於《中國古代茶葉全書》，頁29～30。

〔註13〕〔宋〕葉清臣，〈述煮茶泉品〉，收錄於《中國古代茶葉全書》，頁59。

水以清輕甘潔爲美，輕甘乃水之自然，獨爲難得。古人第水雖曰中
冷、惠山爲上，然人相去之遠近，似不常得。但當取山泉之清潔者，
其次，則井水之常汲者爲可用。若江河之水，則魚鱉之腥，泥濘之
汙，雖輕甘無取。〔註 14〕

從唐代到宋代，雖然水品等第沒變，但這時候對水的要求，已不若唐代，或者應該說，這時期的人所注重的，並不光是水的品質，他們更看重的是茶種以及製茶方法，因此宋代的茶書內容多是介紹茶種以及製茶方式。

除上述文章之外，〔註 15〕唐蘇廙〈十六湯品〉、〔註 16〕宋代葉清臣〈述煮茶泉品〉〔註 17〕以及歐陽修的〈大明水記〉、〔註 18〕〈浮槎山水記〉〔註 19〕等，亦有提到關於水質影響茶味，甚至是茶的療效一事。歐陽修於〈大明水記〉一文中提及其對水品的看法：

如蝦蟆口水、西山瀑布、天台千丈瀑布，皆羽戒人勿食，食而生疾。
其餘江水居山水上，井水居江水上，皆與羽經相反。疑羽不當二説
以自異。使誠羽説，何足信也，得非又新妄附益之邪？其述羽辨南
零岸時，怪誕甚妄也。〔註 20〕

此處所提到之二說，乃是指劉伯當所提出的水品七等，以及李季卿所提出的水品二十等。然而，此二說所列的水品，與《茶經》「山水上，江水中，井水下」之品次完全不同，故歐陽修於〈大明水記〉及〈浮槎山水記〉中，明確表達出自己對此三說的看法，且以「羽之論水，惡渟浸而喜泉源，故井取多汲者，江雖長，然眾水雜聚，故次山水。爲此說近物理云。」〔註 21〕表明自身對陸羽之水品說的贊同。

另外，唐蘇廙於其文〈十六湯品〉中，將水之沸騰次數與水性分成十六

〔註 14〕　〔宋〕趙佶，《大觀茶錄》，收錄於《中國古代茶葉全書》，頁 92。

〔註 15〕　〔唐〕張又新，〈煎茶水記〉，收錄於《中國古代茶葉全書》，頁 29～30。

〔註 16〕　〔唐〕蘇廙，〈十六湯品〉，收錄於《中國古代茶葉全書》，頁 33～35。

〔註 17〕　〔宋〕葉清臣，〈述煮茶泉品〉，收錄於《中國古代茶葉全書》，頁 59～60。

〔註 18〕　〔宋〕歐陽修撰，李逸安點校，《歐陽修全集》（北京：中華書局，2009），《居士外集》卷十四，〈大明水記〉，頁 944～945。

〔註 19〕　〔宋〕歐陽修撰，李逸安點校，《歐陽修全集》，《居士集》卷四十，〈浮槎山水記〉，頁 583～584。

〔註 20〕　〔宋〕歐陽修撰，李逸安點校，《歐陽修全集》，《居士外集》卷十四，〈大明水記〉，頁 945。

〔註 21〕　〔宋〕歐陽修撰，李逸安點校，《歐陽修全集》，《居士外集》卷十四，〈大明水記〉，頁 945。

項來談：

> 煎以老嫩言者凡三品自第一至第三。注以緩急者言凡三品自第四至
> 第六。以器類標者共五品自第七至第十一。以薪火論者共五品自十
> 二至十六。〔註22〕

從這段文句中可以得知，水的沸騰次數、倒水緩急、煮水用具、煮水用火等，皆會影響到水的水性，並間接影響到所泡出來之茶水的功效。在這當中，蘇廙認為湯品中的第一湯用於泡茶最佳，第三湯因水沸騰次數過多，水已過硬，不宜用於泡茶。又，以水沖茶時，須注意沖茶之力道、水之順暢，以及水量多寡，避免造成茶水不勻的情況發生。同時，他亦提到有關煮水之器具、煮水之火的選擇方式，且提出沖茶之水不宜受到煙燻，以免對健康造成危害的說法。〔註23〕

從這裡可以很明顯的看出來，不論是在唐代還是在宋代，對泡茶用水的要求基本上是一致的，所謂「好水配好茶」，並不是憑空而談。泡茶用水除了要乾淨無污染之外，還得要具備「甘」的條件，而如果泉水不甘不寒，基本上並不適合用於泡茶。

如按今人研究之成果來看，陸羽等人的水品說法，所表達的涵義其實就是軟水與硬水對茶味與茶效之影響。于觀亭在《中國茶經》一書中，對軟水與硬水的定義做出了解釋。所謂硬水，指的是水中含有較多鈣、鎂離子和礦物質者，茶葉的有效成分之溶解度會因這些物質的關係而變低，相對的茶味就會較淡，使茶水變得苦澀，故不宜用硬水泡茶。〔註24〕同時，硬水飲多者，會因為體內礦物質等物質離子過多之故，造成結石等病症，因此，泡茶講究以軟水沖泡，並不只是為了茶味的好壞，更是為了健康。

四、唐宋茶型與飲茶方式

唐宋時期的茶型主要分成團茶和散茶兩大類，另外，不同於宋代只有兩種茶型，唐代的茶型還有粗茶和末茶等類。

在《茶經》一書中，陸羽針對唐代當時的茶之製造方式，包括製茶用的器具、茶葉的採收時間，以及茶在製作時的注意事項等，皆有粗略性的介紹，

〔註22〕〔唐〕蘇廙，〈十六湯品〉，收錄於《中國古代茶葉全書》，頁33。
〔註23〕〔唐〕蘇廙，〈十六湯品〉，收錄於《中國古代茶葉全書》，頁33。
〔註24〕于觀亭，《中國茶經》（北京：外文出版社，2009），頁230～232。

使今人可從此書之內容，了解有關唐代的茶型與製茶方式。其中，在採茶時間方面，唐代的採茶時間，大約是在二至四月左右，而茶的出產地，大致如前段所述，是在山南、淮南、浙西、劍南、浙東以及黔中、江南、嶺南等地，這幾個地方，基本上也是後來各朝茶葉的主要出產地，尤其是嶺南地區，宋代的貢茶大多出自於此。

就唐代製茶方式而言，早期唐人是將茶葉經簡略製作後，直接與香料，如蔥、薑、橘皮、薄荷等一起煮成羹湯服用，此種方式直到宋代都還有在使用，並成爲後來「藥茶」的根本。中唐以後，茶葉的製作方式出現了變化，以「蒸、搗、拍、焙、穿、封」等手法所製出的團茶爲主。同時，飲茶的方式也因製茶法之變化而出現了改良，不再直接將茶葉煮成羹湯服用，而是將製好的茶餅或茶葉經搗碎、磨碎後進行煮飲；當然，這一時期也有只使用蒸青或蒸搗兩道工序的散茶，此種茶近似於後來用蒸青或炒青所製成的茶型。

除了團茶和散茶外，唐代尚有粗茶及末茶兩種茶型，其中粗茶所指的是連同嫩莖一起採摘後，加工而成之茶葉，末茶則是指經由蒸青、搗碎等步驟，但不以模型壓制成餅，採取直接乾燥而成的碎茶。

基本上，不管是哪一種茶型，於唐代皆可用器具輾研成末或直接進行煮飲，其中輾研成末後進行煮飲的飲茶法，稱爲點茶法，是宋代點茶法之先驅，而可以不經過輾研（亦即茶葉可研末亦可不研末）的步驟，直接將茶葉（或茶末）經加水煮沸飲用的方式，則稱爲煎茶法。

相較於唐代，到了宋代，團茶和散茶成了當朝最主要的製茶方式。

團茶，又稱爲餅茶、片茶，是一種起源於四川地區的製茶法。根據于觀亭主編之《中國茶經》裡所引述的三國時代魏國《廣雅》中，有關茶的文字記載來看，四川地區很早以前就出現這種類似現今普洱茶做法的茶團，〔註25〕但是，這種團茶的製作方式直到中唐以後，才開始流傳於其他茶區，並在宋代大爲盛行。〔註26〕

宋代的團茶，如前段所述，主要產自嶺南各地，其中又以福建北苑，也就是今日福建建甌一帶所產的茶品質最佳，也最常被當成貢茶，之所以會有如此情況出現，主要原因乃是在於地形及平均氣溫等方面——有關茶樹的生

〔註25〕于觀亭主編，《中國茶經》，（北京：外文出版社，2009），頁19。
〔註26〕于觀亭主編，《中國茶經》，頁26。另參考劉修明著，《中國古代飲茶與茶館》，（台北：台灣商務印書館，2000），頁13～15。

長環境，地形部份以丘陵地為佳，年平均氣溫需約在攝氏 15 度左右，無降雪
之疑慮，同時，土壤不能太過乾燥、且必須雜有風化土質⋯⋯等，綜合上述
的條件東南丘陵地帶自然成為了中國茶區的發展首選，而這也是福建成為中
國茶區中，最負盛名的茶區之原因。福建茶區在宋代以後成為貢茶的主要產
地之一，其中光是北苑（福建建甌鳳凰山區）品品，就佔有宋代貢茶茶型約
四十多種，當中最有名的茶型，就是龍鳳團茶、小龍團、密雲龍、白茶、御
苑玉芽、萬壽龍芽、上林第一、乙夜清供、雪英、云葉、玉華、寸金、勝雪⋯⋯
等，宋代之文人雅士所常做的鬥茶活動，基本就是採用這種團茶茶餅少數使
用散茶進行的。

　　單從團茶製作方式進行比較，雖然一樣都是團茶，但宋代的團茶製法明顯
比唐代要來得精細許多。原則上，宋代團茶的製作過程分成了「採茶、揀茶（選
擇）、蒸茶、榨茶、研茶、造茶（模造）、過黃（烘焙、過湯）」等數個步驟，
看似與唐代的團茶製法相同，可實際上，無論是在精細度還是複雜度，宋代團
茶與前朝相比，是明顯有過之而無不及的，同時，在有關每個成品的形制、大
小等方面，宋代也發展出一定的規格規定，這點與唐代大不相同。〔註27〕

　　相較於團茶，唐宋兩朝的散茶製法並沒有太大之差異，但受到環境變化
與國土範圍南移的影響，唐代主要的團茶茶區，於宋代變成了散茶的主要產
區，這點是研究唐宋飲茶文化方面所必須注意的變化之一。除須注意茶區的
變化之外，在研究宋代飲茶方面，尚需要注意下列幾點：

　　一、在宋代，頂級散茶的價值基本可與頂級團茶相當，並沒有因為輾飲
法的盛行而地位較低，此點可從歐陽修〈雙井茶〉〔註28〕等詩中所述之內容
看出。並且，相較於團茶因各種侷限導致產量不多，散茶的產量因採摘時間
較長、茶區較無侷限的關係，產量頗豐，故除頂級散茶外，其餘品等之散茶
的售價相對要比頂級茶低些（雖然對平民而言，此售價還是頗高）。

　　二、茶於宋代屬專賣品，售價極高，購茶者除須至官方所開設的專賣點
花高價購買外，還須有相關證明才可購茶，導致平民所能取得茶的途徑並不
多，就算是文人，也會因有無任官及所持金錢多寡的關係，而出現取茶途徑
之不同，這些都是在研究宋代飲茶文化時必須注意的。

　　有關唐宋時期的飲茶方式部份，於唐代大抵可以分成煎茶與點茶兩種，

〔註27〕虞云國主編，《宋代文化史大辭典》，（上海：漢語大辭典出版社，2006），頁 321。
〔註28〕〔宋〕歐陽修撰，李逸安點校，《歐陽修全集》，《居士集》卷九，〈雙井茶〉，
　　　頁 141。

其中煎茶出現的時機，乃是在中唐以後，並經由陸羽以及盧仝等人的提倡，盛行於唐代；這時期的頂級茶葉有部分出產於四川一帶，是以有不少詩人在詩歌裡面會提到「蜀茶」二字。相比於唐代，宋代的飲茶方式，以點茶為主。

如前所述，唐代採煎茶、點茶並行，同時，與香料一同煮飲的方式亦繼續流傳於世。而不同於唐代的煎茶、點茶並行，宋代所流行的，是點茶、瀹泡兩法。雖說一樣都是用團茶、散茶來進行沖泡，但就沖泡技巧而言，點茶法明顯比煎茶法簡單——煎茶法是一種必須先將茶餅、茶葉放在茶碾中碾碎，再放進釜中，並用風爐加炭起火煮到茶葉充分滲入水中時，在趁熱飲用的飲茶方式，然因為過程繁瑣的關係，以至於到了宋代，這種飲茶的方式就完全被點茶法給取代了。

點茶法又稱輾飲法，是現代日本茶道的雛型，主要分成備器、選水、取火、候湯、習茶五個步驟，其中習茶就是沖點放在茶碗中的茶末，並且攪拌均勻，使茶末上浮的過程。此種飲茶法於宋代頗受文人推崇，相關的賞玩方式——鬥茶，更是因此形成並風靡一時。不過由於團茶的製作工藝非常繁瑣，且煮飲起來非常費事，加之取得不易、價格昂貴等緣故，導致到了宋代中後期，品飲散茶的風氣開始普及，而與散茶相關的品飲方式——瀹泡法亦因此出現，並於宋末元代開始有了大幅度的發展，到了明代，甚至取代了點茶的地位，成為飲茶文化的主流。

五、鬥茶與唐宋茶盞

唐宋時期，飲茶因可以提神醒腦，有助文思的關係，所以廣受僧侶和文人喜愛，尤其是在宋代，因為飲茶風氣日盛的關係，茶館等飲茶場地也日益增多。同時，為使飲茶活動更富樂趣，民間開始興起一些有關於茶的遊戲，在這些遊戲當中，又以鬥茶和分茶最為人知。

鬥茶，顧名思義，就是茶品之間的比鬥，也就是藉由觀察茶色、茶沫等方面之呈現，來評斷茶的等級，是宋代民間針對茶的一種遊戲。

宋代的鬥茶，一講色，二講沫，三講水痕。在茶色方面，以白（淺綠色、白綠色）為最佳，其他顏色則為不正，茶色不正的原因，可能是在製作過程中，茶葉過黃過度或不足，亦有可能是用於製作的茶葉過於晚摘；茶沫方面，則是越細越好，因為當時是連茶末一起飲用，故會講求茶沫的細緻度，茶沫越粗，代表茶末的研磨程度不足；至於水痕，主要是看出現的時間早晚，基本上，水痕的出現時間越晚越好，越早出現，則代表該茶末或泡茶用水的品

質不佳。

宋人看茶沫，不只是看細緻度，還看圖樣，以及其貼附在茶盞邊緣的程度，如果說茶沫很早就散去，然後茶面上出現水紋，那就代表那道茶的品質不好，水痕出現時間越晚，就代表茶的味道越濃，茶沫的細緻度越高，當然，水的品質以及注水之力道也會對這點有所影響。

相較於鬥茶，分茶則是宋代文人最常做的事。分茶，又名「茶百戲」，主要是利用茶碗中所出現的水脈，創造千變萬化的圖案出來，並藉此得到樂趣。在陶穀所著之《清異錄》裡，有對分茶做出一詳細敘述：

> 茶至唐代始盛。近世有下湯運匕，別施妙訣，使湯紋水脈成物像者，禽獸蟲魚花草之屬，纖巧如畫。但須臾即就散滅。此茶之變也，時人謂之茶百戲。〔註29〕

分茶除了技巧要好之外，對茶葉的品質要求亦相當地高，用於分茶的茶葉不得添加香料，並且要經過炙烤、研磨的手續才能進行沖泡，而由於分茶的要求頗多，且過程繁複，因此，到了宋代後期，此種賞玩茶品的遊戲就逐漸失傳。

除了對茶及泡茶用水的品質要求頗高之外，唐宋時人對茶具的要求亦多。

有關唐宋時期的茶具部分，因為茶色的關係，當時所用之茶盞，主要乃是南方所產的黑釉瓷。黑釉瓷，指的即是以黑色釉料上色之瓷器，唐宋時期飲茶活動之所以會採用黑釉瓷，原因乃是為了襯托出茶色。如前所述，唐宋時期的飲茶講究色白沫細，而為了襯托出茶色的白，茶具，尤其是茶盞方面就必須使用深色釉進行燒製，這使得黑釉瓷盞在唐宋時期非常受到歡迎。除了黑以外，裝飾手法以及瓷胎厚度也是黑釉瓷盞的一大特點。

就目前所考古出土的黑釉瓷盞品質與分布地點來看，唐代最好的黑釉盞產地不詳，而北宋最好的黑釉盞是出自於福建建陽窯，南宋則是除建陽之外，還多了江西吉州窯。

有關建陽窯的裝飾手法，根據目前所存相關茶盞來進行分類，大抵有兔毫、油滴、鷓鴣班等類型，之所以會有這些裝飾手法，原因在於當時人們所追求的，是一種自然美，而這種自然美的主張，就是不矯揉造作，換言之，越是看起來自然的裝飾，在當時越受歡迎。這種自然美的裝飾包括了釉面龜裂及窯變現象所產生的丁香紫瓷（由天青瓷窯變而成），還有吉州窯的黑釉盞

〔註29〕〔宋〕陶穀，《清異錄》，收錄於《中國古代茶葉全書》，頁52。

等，與我們現在所說的自然美不太一樣。

　　相較於建陽窯的黑釉裝飾，吉州窯的黑釉盞特色在於，其並非單純只利用釉色變化，還用外物（包含樹葉、皮毛等）來爲瓷器進行裝飾，在這當中，採用貼木葉裝飾法的黑釉瓷器，全球完整的收藏品加起來不到四十件，相當稀有。至於該窯的另外一個裝飾手法──剪紙漏花，也就是採用把紙或皮布剪出花樣後，將之貼在已經上過底釉並用低溫烘燒過的瓷器上，然後再上一次釉，待釉乾後將花樣剝下，進窯燒製的方式，爲黑釉盞進行裝飾，此種黑釉盞目前所存數量亦不多。此外，此窯還有一種特殊釉色，稱爲琥珀斑，因釉色像琥珀，故得其名。

　　唐宋時期之所以會使用黑釉盞，很大的原因在於黑釉盞的瓷胎較厚，可用於防燙與防散熱上，也就是具有保溫的功用，但這種功用到了明清時期，因茶的製作與沖泡方式已變得跟前朝大不相同之關係，用處反而不大，故陶瓷做的茶具厚度於明清之後就開始越做越薄，這當中最有名的就是宜興壺，紫砂壺（陶器近似瓷器）則是宜興壺的一般通稱。另外，尚有一種薄胎白瓷茶具，這種茶具因厚度很薄且近似半透明，可以透出茶色的關係，於明清時期大受歡迎，唐宋時期流行的黑釉瓷盞因此式微。

六、小　結

　　中國飲茶文化發展的時間很長，在這段過程當中，茶逐漸融入中國人甚至是東亞人的生活裡，並且相當根深蒂固。然而，如就現代的飲茶文化風貌來看，則唐宋時期的飲茶文化，明顯與今日之飲茶大相逕庭，會有如此之情況發生，原因不單只是在於環境方面的變化，其他像是思想的變化、社會之變遷等，亦對飲茶文化的發展造成影響。因此，若想要了解唐宋時期的飲茶習慣，除須透過當時人所著之詩文、茶書以及正史記載等書面資料來進行分析外，還必須藉由相關考古文物來進行推斷，如此才能使我們對唐宋飲茶文化的面貌了解得更加全面、完整。

　　至於茶的功用，於中國早期主要是被當成藥材或食材使用，但因其具有安定心神、提神醒腦之功效，因此，自唐代以後逐漸變成飲品，並及於而爲了使飲茶活動變得比較有趣，各種茶戲於唐宋時期紛紛出現，茶具和茶型也因茶戲的需求，出現了不小變化，這些變化我們皆可透過文字敘述及相關器物中發現，同時可從中了解當時的變化脈絡，以及這些變化對後世的影響。

如要進行唐宋飲茶文化研究，可參考下列書目：

史料部分

1. 〔唐〕張又新，〈煎茶水記〉，收錄於阮浩耕、沈冬梅、于良子點校注釋，《中國古代茶葉全書》，浙江杭州，浙江攝影出版社，1999 年。

2. 〔唐〕陸羽等著，宋一明譯著《茶經譯著（外三種)》，上海，上海古籍出版社，2009 年。

3. 〔唐〕蘇廙，〈十六湯品〉，收錄於阮浩耕、沈冬梅、于良子點校注釋，《中國古代茶葉全書》，浙江杭州，浙江攝影出版社，1999 年。

4. 〔宋〕葉清臣，〈述煮茶泉品〉，收錄於阮浩耕、沈冬梅、于良子點校注釋，《中國古代茶葉全書》，浙江杭州，浙江攝影出版社，1999 年。

5. 〔宋〕趙佶，《大觀茶錄》，收錄於阮浩耕、沈冬梅、于良子點校注釋，《中國古代茶葉全書》，浙江杭州，浙江攝影出版社，1999 年。

6. 〔宋〕歐陽修撰，李逸安點校，《歐陽修全集》，北京，中華書局，2009 年。

7. 〔元〕脫脫等著，《宋史》，台北，台灣商務印書館，1988 年。

專著部分

1. 于觀亭，《中國茶經》，北京，外文出版社，2009 年。

2. 朱自振、沈漢著，《中國茶酒文化史》，台北，文津出版社，1995 年。

3. 沈冬梅，《茶與宋代社會生活》，北京，中國社會科學出版社，2007 年。

4. 陳宗懋主編，《中國茶經》，上海，上海文化出版社，1992 年。

5. 陳璉、呂國利合著，《中華茶文化尋蹤》，北京，中國城市出版社，2000 年。

6. 劉修明著，《中國古代飲茶與茶館》，台北，台灣商務印書館，2000 年。

7. 謝明良，《陶瓷手記──陶瓷史思索和操作的軌跡》，台北，石頭出版股份有限公司，2008 年。

國外研究部分

1. 〔日〕高橋　忠彥，〈宋詩より見た宋代の茶文化〉，《東洋文化研究所紀要》第 115 冊（東京：東京大学東洋文化研究所，1991），頁 61～122。

相關研究部分

1. 丁佐湘、李慧合著、〈小議宋代侑茶詞和茶湯詞〉，《農業考古》2010 年第 5 期，（江西南昌：江西省社會科學院，2010），頁 192～194。

2. 卜慶華，〈話說「鬥茶」〉，《文史雜誌》2000 年第 6 期，（四川成都：四川省文史研究館、四川省人民政府參事室，2000），頁 54～55。

3. 勾利軍，〈略述宋代建茶的製作〉，《河南師範大學學報(哲學社會科學版)》1996 年第 3 期，(河南新鄉：河南師範大學，1996)，頁 42～43。

4. 方秀珍，〈從茶具文物談到唐宋時期的茶文化風俗〉，《江漢考古》1998 年第 4 期，(湖北武漢：湖北省文物考古研究所，1998)，頁 78～79、84。

5. 方建，〈宋代茶書考〉，《農業考古》1998 年第 2 期，(江西南昌：江西省社會科學院，1998)，頁 269～278。

6. 方健，〈唐宋茶禮茶俗述略〉，《民俗研究》1998 年第 4 期，(山東濟南：山東大學，1998) 頁 74～78。

7. 方健，〈唐宋茶藝述論〉，《農業考古》1997 年第 4 期，(江西南昌：江西省社會科學院，1997)，頁 176～187。

8. 牛維鼎，〈分茶與乳茶〉，《江淮論壇》1980 年第 6 期，(安徽合肥：安徽省社會科學院，1980)，頁 118。

9. 王建平，〈國破茶魂在　壺中悠韻長──略論宋代茶具藝術的緣起與變遷〉，《農業考古》2000 年第 2 期，(江西南昌：江西省社會科學院，2000)，頁 59～65。

10. 王偉，〈鬥茶與茶盞──宋代商業文化裡的考據〉，《青年文學家》2009 年第 20 期，(黑龍江齊齊哈爾：黑龍江文學藝術界聯合會、齊齊哈爾市文學藝術界聯合會，2009) 頁 48。

11. 左超能，〈北宋茶業發展論略〉，《廣西教育學院學報》1998 年第 2 期，(廣西南寧：廣西教育學院，1998)，頁 95～100。

12. 左超能，〈論茶業對北宋社會的影響〉，《柳州師專學報》1995 年第 2 期，(廣西柳州：柳州師範高等專科學校，1995)，頁 53～58。

13. 伊永文，〈北宋的「煎點湯茶藥」〉，《農業考古》1991 年第 4 期，(江西南昌：江西省社會科學院，1991)，頁 213～214、163。

14. 朱廣宇，〈宋代茶文化與吉州窯、建窯器的發展〉，《設計藝術(山東工藝美術學院學報)》2005 年第 4 期，(山東濟南：山東工藝美術學院，2005)，頁 25～27。

15 余悅、周春蘭，〈中國宋代茶文化的繁榮與特色〉，《農業考古》2007 年第 2 期，(江西南昌：江西省社會科學院，2007)，頁 22～26。

16. 余悅、周春蘭，〈江西中國宋代茶文化的繁榮與特色(續)〉，《農業考古》2007 年第 5 期，(江西南昌：江西省社會科學院，2007)，頁 21～32。

17. 余康發、王茜合著，〈也談宋代茶文化之興盛〉，《山東文學》2009 年第 9 期，(山東濟南：山東省作家協會，2009)，頁 98～99。

18. 吳水金、陳偉明合著，〈宋詩與茶文化〉，《農業考古》2001 年第 4 期，(江西南昌：江西省社會科學院，2006)，頁 173～175。

19. 呂維新，〈宋代茶文化的發展和繁榮〉，《茶葉機械雜誌》1995 年第 3 期，

（浙江杭州：杭州茶葉機械科學研究所，1995），頁 31～33。

20. 呂維新，〈宋代茶葉經濟史略（續）〉，《中國茶葉加工》1995 年第 4 期，
（浙江杭州：中華全國供銷合作總社、杭州茶葉研究院、全國茶葉加工
科技情報中心，1995），頁 37～40。

21. 呂維新，〈宋代茶葉經濟史略〉，《中國茶葉加工》1995 年第 3 期，（浙江
杭州：中華全國供銷合作總社、杭州茶葉研究院、全國茶葉加工科技情
報中心，1995），頁 39～40。

22. 呂維新，〈宋代茶道〉，《茶葉通訊》1996 年第 3 期，（湖南長沙：湖南省
茶葉學會，1996），頁 36～40。

23. 李芊，〈漫談宋茶之色香味及其審美風尚的變化〉，《農業考古》2009 年
第 2 期，（江西南昌：江西省社會科學院，2009），頁 79～83。

24. 李亞靜，〈淺論宋代茶事茶詞與文人生活〉，《青海師專學報》2007 年第 3
期，（青海西寧：青海民族大學，2007），頁 32～34。

25. 李烈初，〈丹青墨色話「鬥茶」──宋人「鬥茶」舉證〉，《收藏界》2010
年第 12 期，（陝西西安：寧夏雅觀收藏文化研究所，2010），頁 93～98。

26. 李傳德、毛穎，〈宋代茶藝與黑釉茶盞〉，《中國茶葉》1996 年第 6 期，（浙
江杭州：中國農業科學院茶葉研究所，1996），頁 34～35。

27. 沈冬梅，〈論宋代北苑官焙貢茶〉，《浙江社會科學》1997 年第 4 期，（浙
江杭州：浙江省社會科學界聯合會，1997），頁 98～102。

28. 姚敏蘇，〈銀瓶瀉湯點雪芽──從北京金墓出土壁畫看宋代茶藝生活〉，
《收藏家》2002 年第 7 期，（北京：北京市文物局，2002），頁 64～66。

29. 柏躍德，〈建窯建盞與宋代鬥茶文化〉，《裝飾》2005 年第 3 期，（北京：
清華大學，2005），頁 32。

30. 柯冬英、王建榮合著，〈宋代鬥茶初探〉，《茶葉》2005 年第 2 期，（浙江
杭州：浙江省茶葉學會、中國茶葉博物館，2005），頁 119～122。

31. 唐緯，〈從越窯青瓷盞托看宋代茶事的繁盛〉，《農業考古》2010 年第 5
期，（江西南昌：江西省社會科學院，2010），頁 114～118、126。

32. 孫曉燕，〈一縷團香，一盞茶心──茶與宋代建盞藝術研究〉，《中國陶瓷》
2013 年第 10 期，（浙江景德：中國輕工業陶瓷研究所，2013），頁 64～
68、71。

33. 徐京美，〈宋代茶詩中的貢茶采制特色〉，《大眾文藝》2011 年第 12 期，
（河北石家莊：河北省群眾藝術館，2011），頁 167～168。

34. 張天琚，〈北宋吟茶詩與西壩窯「紫甌」大湯氅〉，《東方收藏》2010 年
第 8 期，（福建石獅：福建日報報業集團，2010），頁 46～47。

35. 張柳河、楊潤生、安奇林、張倩合著，〈宋代的鬥茶與用盞〉，《收藏界》
2009 年第 12 期，（陝西西安：寧夏雅觀收藏文化研究所，2009），頁 70

～71。

36. 張旖，〈從唐宋瓷茶碗的演變看茶文化的發展〉，《藝術市場》2007 年第
12 期，（北京：文化部，2007），頁 76～77。

37. 郭孔秀，〈唐宋煮茶水品〉，《農業考古》1998 年第 4 期，（江西南昌：江
西省社會科學院，1998），頁 120～121。

38. 陳武英，〈唐宋茶道初探〉，《寧波高等專科學校學報》2000 年第 1 期，
折江寧波：寧波工程學院，2000），頁 48～49。

39. 陳瑜、杜曉勤合著，〈唐宋文人茶的自然之趣〉，《文史知識》2007 年第 4
期，（北京：中華書局，1995），頁 134～140。

40. 陳默，〈淺析宋代茶文化繁盛的原因〉，《文史雜誌》2004 年第 3 期，（河
北石家莊：河北省社會科學院，2004），頁 67～69。

41. 陶兆娟、阮倩合著，〈宋人鬥茶與建窯黑釉盞〉，《茶葉》2008 年第 3 期，
（浙江杭州：浙江省茶葉學會、中國茶業博物館，2008），頁 190～191、
189。

42. 喬楠，〈論宋代點茶興起的原因〉，《法治與社會》2009 年第 21 期，（雲
南昆明：雲南省法學會，2009），頁 293、295。

43. 堯水根，〈中國製茶方法的演變及其與食藥飲關係的探討〉，《農業考古》
2013 年第 5 期，（江西南昌：江西省社會科學院，2013），頁 291～298。

44. 彭景元，〈從宋代詩詞中探析宋代茶文化〉，《古今農業》2007 年第 3 期，
（北京：全國農業展覽館（中國農業博物館），2007），頁 59～63。

45. 揚之水，〈兩宋茶詩與茶事〉，《文化遺產》2003 年第 2 期，（北京：中國
社會科學院文學研究所，2003），頁 69～80、143。

46. 曾軍宏、楊樹林、張會安，〈從吉州窯黑釉茶盞管窺宋代鬥茶之習俗〉，《藝
術科技》2013 年第 3 期，（浙江杭州：浙江舞台設計研究院有限公司，
2013），頁 137。

47. 曾智泉，〈飄溫在宋代黑釉茶盞中的木葉〉，《農業考古》2007 年第 2 期，
（江西南昌：江西省社會科學院，2007），頁 68～69。

48. 曾智泉、陳曉飛合著，〈建窯黑盞與宋代鬥茶文化〉，《文博》2008 年第 6
期，（陝西西安：陝西省文物局，2008），頁 78～82。

49. 馮文開，〈北宋茶詩三種境界淺析〉，《農業考古》2004 年第 2 期，（江西
南昌：江西省社會科學院，2004），頁 231～234。

50. 黃志浩，〈宋元時代的分茶與建茶〉，《農業考古》2007 年第 5 期，（江西
南昌：江西省社會科學院，2007），頁 95～99、111。

51. 黃志浩，〈關於宋元詩文中「分茶」問題的考論〉，《中國典籍與文化》2008
年第 2 期，（北京：教育部全國高等院校古籍整理研究工作委員會，
2008），頁 105～133。

52. 楊佳正，〈宋代茶碗研究〉，《史學彙刊》2012 年第 29 期，（台北：中國文化大學史學研究所與史學系，2012），頁 250～253。

53. 楊秋莎，〈略談宋代鬥茶與茶具〉，《四川文物》1998 年第 4 期，（四川成都：四川省文物局，1998），頁 42～44。

54. 楊義東、劉芳合著，〈建窯建盞與宋代武夷茶文化〉，《中國陶瓷》2008 年第 10 期，（浙江景德：中國輕工業陶瓷研究所，2008），頁 75～77。

55. 虞文霞，〈文人雅士入茶來——也談宋代茶文化大發展〉，《農業考古》2003 年第 4 期，（江西南昌：江西省社會科學院，2003），頁 51～55。

56. 虞文霞，〈宋代兩篇名茶重要文獻考釋〉，《農業考古》2013 年第 5 期，（江西南昌：江西省社會科學院，2013），頁 303～306。

57. 解爽，〈論宋代茶磨與器物文化〉，《寧夏社會科學雜誌》2013 年第 2 期，（寧夏銀川：寧夏社會科學院，2013），頁 131～134。

58. 管家騮，〈宋代茶業史考〉，《茶業通報》1983 年第 6 期，（安徽合肥：安徽省茶葉學會，1983），頁 12～14。

59. 趙恆富，〈唐宋茶盞與飲茶藝術〉，《文物世界》2001 年第 6 期，（山西太原：山西省文物局，2001），頁 49～51。

60. 劉玉紅，〈宋代的分茶詩與分茶習俗〉，《華夏文化》2001 年第 3 期，（陝西西安：陝西省軒轅黃帝研究會，2001），頁 51～52。

61. 劉佳，〈從文學作品看宋代茶藝發展〉，《信陽農業高等專科學校學報》2012 年第 1 期，（河南信陽：信陽農業高等專科學校，2012），頁 102～104。

62. 劉清榮，〈宋代茶館述論〉，《中州學刊》2006 年第 3 期，（河南鄭州：河南省社會科學院，2006），頁 189～192。

63. 劉湘松，〈宋代茶藝——分茶〉，《茶葉機械雜誌》2001 年第 2 期，（浙江杭州：杭州茶葉機械科學研究所，2001），頁 34～35。

64. 劉學忠，〈宋代茶詞研究〉，《學術月刊》1998 年第 9 期，（上海：上海市社會科學界聯合會，1998），頁 78～83。

65. 蔡定益，〈從「茶山」一詞管窺唐宋茶史與茶文化〉，《農業考古》2009 年第 2 期，（江西南昌：江西省社會科學院，2009），頁 28～33。

66. 鄭永球，〈鬥茶比藝尋意境——論宋代茶文化的昇華〉，《廣東茶葉》2001 年第 3 期，（廣東廣州：廣東省茶葉學會，2001），頁 31～34。

67. 鄭立盛，〈北苑茶史（續）〉，《農業考古》1991 年第 4 期，（江西南昌：江西省社會科學院，1991），頁 240～244、235。

68. 鄭立盛，〈北苑茶史〉，《農業考古》1991 年第 2 期，（江西南昌：江西省社會科學院，1991），頁 203～207。

69. 鄭立盛，〈北苑茶的歷史見證〉，《農業考古》1986 年第 2 期，（江西南昌：江西省社會科學院，1986），頁 372。

70. 鞏志，〈漫話宋代北苑貢茶〉，《農業考古》1998 年第 2 期，（江西南昌：江西省社會科學院，1998），頁 209～212。

71. 薛翹、劉勁峰、陳春惠合著，〈宋元茶俗與茶具〉，《農業考古》1991 年第 4 期，（江西南昌：江西省社會科學院，1991），頁 86～92。

72. 薛翹、劉勁峰、陳春惠合著，〈宋元黑釉茶具考〉，《農業考古》1984 年第 1 期，（江西南昌：江西省社會科學院，1984），頁 164～176。

73. 羅春蘭、潘永幼合著，〈從茶詩詞看宋代品茗風尚〉，《農業考古》2008 年第 2 期，（江西南昌：江西省社會科學院，2008），頁 172～177。

74. 闞能才，〈唐宋時期的研茶與碾茶〉，《農業考古》2013 年第 2 期，（江西南昌：江西省社會科學院，2013），頁 92～95。

相關研究論文部分

1. 王國文，《宋代江西瓷製茶具美學特徵研究》，南昌大學藝術設計學 2008 年碩論。

2. 王璇，《宋代茶文化與宋大夫意識》，江南大學中國古代文學 2010 年碩論。

3. 司書娟，《唐、宋茶詩詞中的「茶意象」研究》，北京林業大學應用心理學 2012 年碩論。

4. 朱慧穎，《宋代茶酒詩的文化解讀》，華僑大學中國古代文學 2011 年碩論。

5. 何珊，《宋代茶詩三題》，哈爾濱師範大學中國古代文學 2012 年碩論。

6. 宋春，《宋代茶俗與行業經濟問題研究》，鄭洲大學專門史 2011 年博論。

7. 岳曉燦，《宋代詠茶詩詞的審美研究》，南京師範大學文藝學 2012 碩論。

8. 張瑩，《宋代茶事繪畫及其文化內涵探析》，河南大學藝術學 2012 碩論。

9. 張穩，《宋代茶詞研究》，山東大學中國古代文學 2013 年碩論。

10. 馮文開，《北宋茶詩與文人情趣》，南昌大學中國古代文學 2006 年碩論。

11. 萬曉惠，《北宋「鬥茶」對建盞設計的影響》，景德鎮陶瓷學院 2011 年碩論。

12. 劉倩，〈北宋茶詩的文化蘊涵及其功用研究〉，中南民族大學中國古代文學 2009 年碩論。

13. 蔡佩珈，《歐陽修的飲茶生活》，東吳大學歷史學系碩士班 2013 碩論。

14. 鄧敏，《宋代文人的茶詩生活與交誼》，南昌大學中國古代文學 2012 年碩論。

工具書部分

1. 〔清〕陳夢雷等編，《古今圖書集成》，台北，鼎文書局，1985 年。

2. 中國歷史大辭典編纂委員會，《中國歷史大辭典》，上海，上海辭書出版社，2001 年第五次印刷版。

3. 王鎮恆、王廣智主編，《中國名茶志》，北京，中國農業出版社，2008 年。

4. 陳宗懋主編，《中國茶葉大辭典》，北京，中國輕工業出版社，2000 年。

5. 虞云國主編，《宋代文化史大辭典》，上海，漢語大詞典出版社，2006 年。

6. 熊四智主編，《中國飲食詩文大典》，青島，青島出版社，1995 年。

7. 譚其驤主編，《中國歷史地圖集》，北京，中國地圖出版社，1996 年。

附錄二　從茶書、茶文看唐代飲茶文化

前言　飲茶文化源起與相關記載

　　有關中國飲茶文化的發展，最早可追溯至上古先秦時代，於中國遠古傳說裡，雖有『神農嘗百草，日中七十二毒，後以茶解』的記載，但因為沒有相關文物考古資料的出土發現等原因，遂此記載的可信度有待商榷。

　　與茶相關的文字記載，最早首見於《爾雅》〔註1〕。《爾雅》〈釋木〉條記載：

　　　　檟，苦荼。〔註2〕

此條有〔晉〕郭璞作註：

　　　　樹小如梔子，冬生葉，可煮做羹飲。今乎早采者為荼，晚取者為茗。

　　　　一名荈，蜀人名之苦荼。〔註3〕

作為中國最早的詞解類書籍，一般認為，《爾雅》的成書時間應是在周代以降，秦漢以前，而茶的相關記載出現於該書當中，這就表示中國飲茶文化的初始發展時間，起碼與《爾雅》的成書時間相當。

　　從郭璞所作的《爾雅》註釋中，我們可以看出兩點：一、茶的名稱於飲茶文化出現早期並非是統一的。二、茶在早期發展階段所出現的飲用方式，

〔註1〕〔晉〕郭璞注，〔宋〕邢昺疏，王世偉整理，《爾雅》，上海，上海古籍出版社，
　　　　2013年。

〔註2〕〔晉〕郭璞注，〔宋〕邢昺疏，王世偉整理，《爾雅》，卷下，疏卷第九，〈釋
　　　　木〉第十四，頁481。

〔註3〕同上註。

與我們現今所知的不大相同。

　　除《爾雅》以外，唐代陸羽所著之《茶經》〔註4〕一書中，於<一之源>裡對茶的名稱介紹遠較《爾雅》詳盡，該段記載如下：

　　　　茶者，南方之嘉木也。……其樹如瓜蘆，葉如梔子，花如白薔薇，
　　　　實如栟櫚，蒂如丁香，根如胡桃。

　　　　其字，或從草，或從木，或草木併。

　　　　其名，一曰茶，二曰檟，三曰蔎，四曰茗，五曰荈。〔註5〕

由《爾雅》和《茶經》的記載可知，茶於早期共有七種稱法，而在這些稱法當中，最常被使用的大約有四五種左右。除在此二書中有記載外，與茶相關之文字文辭解釋亦可見於韻書、文字類工具書，例如《說文解字》、《康熙字典》、《大宋重修廣韻》及《古今韻會舉要》當中看到。

　　現今對茶的稱呼大抵有『茶』、『茗』二種，可實際上，如按照上述各書的內容記載來看，則茶的稱呼於古代共有『荼』、『茗』、『茶』、『檟』、『蔎』、『荈』、『苦荼』等幾種。其中，『荼』、『茶』二字於唐代以前常受到混用，一般認為前者為後者的異體字，但由於『荼』字本身的解釋帶有『苦荼』之意，因此為避免混用，直至中唐以後，才確定了以『茶』字取代『荼』字作為茶的通稱之用法，這點可以從唐代文人所以寫的與茶相關之詩文看出。

　　在這裡要比較注意的是『檟』、『蔎』、『荈』三字。『檟』字的原意解釋為楸樹，用作茶解，乃是在《爾雅》書中，於其他書中並不多見，至唐代更是絕跡；『蔎』字的本意為香草，此於《說文解字》中有詳細記載。《茶經》中有云：

　　　　楊執戟云：「蜀西南人謂茶為蔎。」〔註6〕

由此可知，將『蔎』字用作茶解，乃是四川人的習慣。『荈』字乃是茶的別名，與『檟』字相同，於今日已經少用在針對茶的解釋上，但在古代，『荈』字通常被用來解釋『茶葉老者』，也就是茶的老葉。

　　相較於這幾個字，『茶』與『茗』二字是後世最常用的茶之稱呼，而從『品茗』、『喫茶』二詞，可以看出『茶』和『茗』的定義差別。

〔註4〕〔唐〕陸羽著，宋一明譯注，《茶經譯注（外三種)》，上海，上海古籍出版社，
　　　　2009年。
〔註5〕〔唐〕陸羽著，宋一明譯注，《茶經譯注（外三種)》，〈一之源〉，頁3～5。
〔註6〕〔唐〕陸羽著，宋一明譯注，《茶經譯注（外三種)》，〈一之源〉，頁5。

　　『茶』和『茗』，在郭璞爲《爾雅》所註之解釋中有言：

　　　　今乎早采者爲茶，晚取者爲茗。〔註7〕

由此可知，『茶』與『茗』的差異主要在於採摘時間的早晚以及茶葉的老嫩，
而此二點除了對茶葉的製作方式會造成影響外，對茶的飲用方法和效果也有
一定影響。

　　關於茶的飲用方式，在早期發展階段，特別是漢唐時期，主要是喫茶，
也就是將茶葉於研末後加入水中沖泡，或者是將茶葉投入水中煮成茶液後，
連葉末一同飲用。有關此種飲茶方式的由來，與茶葉最早被當成是藥材或食
材密不可分。

　　在有關茶被當成藥用植物的記載方面，最早首見於《神農食經》。《神農
食經》記載：

　　　　茶茗生益州及山陵道旁。凌冬不死，三月三日采乾。〔註8〕

　　　　茶茗久服，令人有力悦志。〔註9〕

此二條記載因原書亡佚之故，今主要見於《茶經》等書中，但從此二條記載
中，我們可以得知下列訊息：

　　一、《神農食經》的成書時間，如按古籍引用該書條目的情況來看，應
　　　　於東漢至魏晉之間，而此書亡佚之時，則可能是在明清，甚至宋元
　　　　之際。

　　二、茶的飲用習慣，最早可能出自於益州，即今日四川成都一帶山區，
　　　　該區亦爲中國茶樹原生地之一。

　　三、茶與茗雖然都是以茶樹的嫩芽、嫩葉爲材料製作而成，然受到採摘
　　　　時間與茶芽老嫩的不同影響，導致茶茗雖都可通稱爲茶，但早期還是
　　　　習慣分開稱呼，以作爲區別。

　　四、不管是茗還是茶，都具有提神醒腦的效果，飲用後可讓人覺得心志
　　　　舒暢，這也是茶最早被人熟知的功效。

　　《神農食經》雖被人認爲是神農氏所著，但實際上卻與《神農本草經》
的情況相同，都是藉神農氏之名進行創作的書籍，然而，由於此書今已亡佚

〔註7〕　〔晉〕郭璞注，〔宋〕邢昺疏，王世偉整理，《爾雅》，卷下，疏卷第九，〈釋
　　　　木〉第十四，頁481。

〔註8〕　〔明〕李時珍編纂，劉衡如、劉山永校注，《本草綱目》（北京：華夏出版社，
　　　　2004年），果部第三十二卷，〈茗〉，頁1254。。

〔註9〕　〔唐〕陸羽著，宋一明譯注，《茶經譯注（外三種）》，〈七之事〉，頁45。

之故，當中所記載之內容究竟如何，我們也只能透過古籍中所引用的文句來得知一二。

現今針對《神農食經》的討論，大概可分成三個部分：作者、內容以及成書時間，其中，在成書時間方面，如根據古籍引用的狀況來進行判斷，則此書應於東漢至魏晉期間集結成冊。筆者會有此推斷的原因乃是在於，東漢以前的古籍於班固等人所著之《漢書》〈藝文志〉中多會有所記錄，可是當中與神農氏相關的書籍條目，並無《神農食經》的記錄，再加上漢代以前的醫藥、食療古籍著作中，並無《神農食經》的引用或記載，故《神農食經》出現在東漢和帝以前的可能性就大幅縮減，此為其一。

其二，如據《隋書》〈經籍志〉之內容來看，則書名中冠有『食經』二字者有五：《崔氏食經》、《食經》、《太官食經》、馬琬《食經》、《淮南王食經》，另外，隋代尚有謝諷所著之《食經》一書，簡言之，隋代之前以『食經』為書名的書共有六部，其中《崔氏食經》、馬琬《食經》、《淮南王食經》三部今雖僅存隻言片語，但若從僅存內容以及《隋書》〈經籍志〉所載之說明來進行分析，則此三部書絕非《神農食經》之托本，而謝諷《食經》據傳乃是以《崔氏食經》作為底本加以書寫而成，故也並非為《神農食經》。

除上述四本食經外，隋代尚有《太官食經》和《食經》二本食經。《太官食經》出於南梁時期，作者為何人不知，但如按太官的職掌來看，則此書可能是梁朝歷任太官中的一位或多位所著。太官乃為中央官職，於秦漢時期主掌宮廷膳食及酒果，至南北朝時則改掌百官之饌，唐代因襲，由此可知，此書所載之內容，很有可能為宮廷膳食與酒果等方面的飲食搭配與禁忌，如若這般，則此書為《神農食經》底本的可能性也不高。

按上所述，則可能為《神農食經》者，唯有《食經》一書。《食經》出自梁朝，如依《隋書》〈經籍志〉的記載來看，則此書共有十四卷、二卷和十九卷三種版本，然而，關於此書的作者、內容為何，皆因書籍的亡佚而無法得知，故此書究竟是否為《神農食經》的底本，基本亦不可知，後面各朝雖都有與食療相關的書籍出現，且當中有提及茗茶者亦不少，但不可否認的，《神農食經》是中國首本提到茶之療效的食療專書，是以，此書雖已亡佚，但當中有關茶的記載，仍是我們研究中國飲茶文化起源的重要根據之一。

研究中國飲茶文化，所使用的相關材料大抵有二，一為書面資料，另一則為器物資料。在書面資料方面，一共可分成七類：正史食貨志記載、茶書

茶文、文人作品、筆記小說、文人畫作、考古報告、科學分析報告等；至於器物資料，主要是有考古出土器物以及機構與私人、皇室的收藏器物等，透過對這些資料的分析比對，可以了解歷朝歷代的飲茶文化之變遷及內容，因此，於研究的過程中，絕不可輕忽任何一項資料。

在上述資料中，較爲特殊者的乃是科學分析報告。科學分析報告，顧名思義，是人們在科技高度發展後，利用科學儀器對茶葉所含成分進行分析後所取得的資料，透過這些分析結果，除可以了解茶於中國歷代被用在治療眼疾等病症的原因外，還可了解茶樹生長所需的環境因素、茶樹的原生情況等。

中國所擁有的茶樹品種，至今約有百來種之多，在這當中，野生茶樹約有七十餘種，被拿來製成茶者，或以前曾被拿來製茶，今卻不用者，又佔總體的百分之六十三左右，另外，中國茶樹尚有農家品種、選育品種（成片栽培者稱爲品系）、名叢、引入品種等，數量之多，頗難估計，但可以確定的是，這些茶樹的最原生品種，乃在中國的西南地區，即今日四川、雲南一帶。

中國西南地區因是茶樹原生產地的關係，故很早就發展出了飲茶方面的習慣與風氣，而此風氣自戰國時期，秦人入蜀以後，就開始逐漸向外傳播，至秦統一六國後，更是隨著朝廷勢力遠播到了中國東部地區，使之逐漸成爲人們生活中的一部分。

茶樹除去原生品種外，現今所見之品種多爲受到氣候環境長期影響，出現變異（進化）或者是人工栽培馴化出來的，其中，在人工栽培馴化這一部分，於中國歷史上發展有很長一段時間，可以說，自人們開始飲茶起，以人工栽培馴化的茶樹就跟著出現於中國各地，供人們採摘製茶使用，現今所知的歷代名茶中，如陽羨茶、香雨、夷陵茶、天目山茶、仙茗等，即是以馴化變異後的茶樹所產之茶葉、茶芽製成。

茶的別名眾多，如上所述共有七種，其中蜀西南人稱茶爲『蔎』，而蔎的原意本爲香草，由此可知，四川西南部的居民早期除將茶當成飲品外，更是有將茶當成香草，甚至是藥草之一的習慣（按：普遍而言，中醫以動植物入藥，其中所取之植物大抵又可分成香草與毒草二種，而所謂毒草，指的是藥性中帶有毒性之藥草，中醫認爲萬物皆可入藥，故毒草雖有毒，但可治毒症，香草溫和，卻仍不可多用，用藥對症，則一記足以），後茶的飲用風氣自四川流傳至中國各地，此等將茶應用於藥物方面，甚至直接當成飲品的狀況也就跟著往外流傳。

　　以茶入藥的歷史在中國持續有很長一段時間，而茶本身所具有的療效，根據歷代醫藥書籍中的記載來看，主要乃是針對渴淋、眼盲、提神醒腦、利尿……等方面。若依現今的科學研究成果來看，茶之所以會對這些病症具有療效，與其成分有密切的關係，但古人並無現代科學所用之檢查分析儀器，他們所能用來確定茶之療效的方式是經驗，但所得出的結果，卻與現代分析成果基本相同，由此便可以推斷，古人飲茶的次數很多，甚至因長期飲茶的關係，體會察覺到茶對人體的作用，故才有此醫療方面的結論。

　　由上述內容可以得知，飲茶文化在中國的發展時間淵遠流長，也因為如此，相較於其他各國，中國在針對飲茶方面的研究成果相當可觀，而集大成者之一就是茶書。

第一節　中國茶書分類與唐代茶書茶文

　　自飲茶風氣開始於中國各地廣為流傳之後，茶書、茶文的寫作就跟興起。歷代所成之茶書、茶文數量約有百來種之多，而如就內容來進行分類，則這些茶書、茶文可以分成下列幾種類型：

　　1、綜論型茶書、茶文：此類型茶書、茶文的特色在於記載之內容相當複雜多樣，包含茶樹生長環境以及型態特徵、茶名考釋、茶樹栽種、茶葉製作、煮茶技藝、茶具、飲茶風俗、茶史茶事等，於當中多有記載，因此，在進行茶文化研究時，此類型的茶書、茶文可以作為入門引導之材料。此類型的茶書、茶文代表著作有唐代陸羽《茶經》、宋代趙佶《大觀茶論》〔註10〕、明代朱權《茶譜》〔註11〕等。

　　2、專論型茶書、茶文：相較於綜論型，此類型的茶書、茶文內容較為單一，基本又可分成下列幾種類型——

　　（1）專論煮茶技藝：此類型茶書、茶文的內容主要是在講述有關煮茶、烹茶、泡茶之相關技藝與環境選擇，並藉此延伸至有關人品、茶侶的培養和選擇。此類型的代表著作有唐代蘇廙〈十六湯品〉〔註12〕、宋代蔡襄《茶錄》〔註13〕等。

〔註10〕〔宋〕趙佶，《大觀茶錄》，收錄於阮浩耕、沈冬梅、于良子點校注釋，《中國古代茶葉全書》（杭州：浙江攝影出版社，1999 年），頁 89～97。

〔註11〕〔明〕朱權，《茶譜》，收錄於《中國古代茶葉全書》，頁 139～144。

〔註12〕〔唐〕蘇廙，〈十六湯品〉，收錄於《中國古代茶葉全書》，頁 33～35。

〔註13〕〔宋〕蔡襄，《茶錄》，收錄於《中國古代茶葉全書》，頁 64～70。

　　（2）專論地方茶品：此類型是專論型茶書、茶文中數量最多的，內容大抵介紹各地茶區的名茶，以及有關當地茶葉的製作方式、歷史沿革等，是研究製茶技術與過程的重要參考資料。此類型的茶書有宋代丁謂《北苑茶錄》〔註 14〕、宋子安《東溪試茶錄》〔註 15〕、熊蕃《宣和北苑貢茶錄》〔註 16〕等。

　　（3）專論茶器：此類型的茶書、茶文內容主要是在講述茶具，包括煮水用具、泡茶用具及配件等，相關著作有宋代審安老人《茶具圖贊》〔註 17〕。

　　（4）專論用水：此類型基本為茶文，無集成書者，內容主要是在講述用來泡茶的水之選擇，以及水的品等、煮水時的注意事項等，內容雖短，但因水的好壞對茶液會造成影響，故古人在此方面之注重程度是僅次於茶葉的。此類型的文章主要有唐代張又新〈煎茶水記〉〔註 18〕、明代田藝衡〈煮泉小品〉〔註 19〕等。

　　（5）專論茶法：因茶在古代乃是相當重要的經濟作物，受朝廷管制販售，因此，於研究茶葉貿易與茶葉專賣制度的過程中，茶法的內容就成了相當重要之研究依據，而茶法的記載，除了在正史食貨志中可看到外，還可從皇帝所下達之詔書中看到一二，另外，於宋代，沈括的《夢溪筆談》中之〈本朝茶法〉〔註 20〕亦有對北宋茶法作專門記載，是研究北宋茶法的重要專論。

　　3、茶話型茶書、茶文：此類型的茶書、茶文在所有與茶有關之書籍論著中，算是比較特殊的存在，其內容所載的，並非上述各類項之內容，主要是在記錄與茶相關的典故、人言雜談或雜論等，可能是以前人曾經提過的與茶相關之事項，也有可能是前人飲茶時所吟作的詩文與慨歎，內容頗為多樣。此類茶書、茶文之代表著作有宋代陶谷《茗荈錄》〔註 21〕、明代夏樹芳《茶董》〔註 22〕。

〔註 14〕　〔宋〕丁謂，《北苑茶錄》，收錄於《中國古代茶葉全書》，頁 55。
〔註 15〕　〔宋〕宋子安，《東溪試茶錄》，收錄於《中國古代茶葉全書》，頁 71～76。
〔註 16〕　〔宋〕熊蕃，《宣和北苑貢茶錄》，收錄於《中國古代茶葉全書》，頁 100～113。
〔註 17〕　〔宋〕審安老人，《茶具圖贊》，收錄於《中國古代茶葉全書》，頁 131～136。
〔註 18〕　〔唐〕張又新，〈煎茶水記〉，收錄於《中國古代茶葉全書》，頁 29～30。
〔註 19〕　〔明〕田藝蘅，〈煮泉小品〉，收錄於《中國古代茶葉全書》，頁 166～178。
〔註 20〕　〔宋〕沈括，《夢溪筆談》（北京：團結出版社，2002），卷十二，〈官政（二）〉，頁 145～148。
〔註 21〕　〔宋〕陶谷，《茗荈錄》，收錄於《中國古代茶葉全書》，頁 50～54。
〔註 22〕　〔明〕夏樹芳，《茶董》，收錄於《中國古代茶葉全書》，頁 281～302。

4、彙編型茶書、茶文：此類型的茶書內容，主要乃是將多種茶書或散見於各類史籍、筆記、類書、詩詞文章中，與茶有關的記載資料進行統合彙編，因爲是屬於資料彙整類型的茶書，同時也因保存有不少已佚失之文獻之故，對於研究茶史而言，具有相當重要的價值與便利性。此類型的代表著作有明代喻政《茶書全集》〔註23〕、清代余懷《茶史補》〔註24〕等。

如按上述分類來看，則中國歷代所出之茶書、茶文內容不可謂不豐富，特別是越接近現代，茶書、茶文的數量種類就越多，誠然這與時代遠近有著一定程度的關係，但更重要的是，飲茶自發展開始至今，儼然成爲人們生活中不可或缺的一種習慣，在這樣的情況之下，針對飲茶文化發展方面的研究，也就越發的受人重視，這也是爲何茶書、茶文越到近代，數量就越多的原因之一。

雖然飲茶文化發展至今已經成爲人們生活中的一部分，但在發展之初，因主要是被人當成藥物和食材的關係，故茶在三代秦漢並無專論出現，直至唐宋時期，特別是在陸羽《茶經》問世之後，茶才逐漸由藥材等物變成了與酒同等地位的飲品，並逐步發展至今。

唐宋時期乃是中國飲茶文化發展的第一高峰期，然而，兩者的飲茶文化雖然看似一脈相承，但實際上還是有明顯的不同之處，這不同之處包括製茶方式、茶具器形、茶葉產區……等，因此，如要研究宋代飲茶文化，並不能只單純研究宋代方面的資料，唐代方面與茶相關之資料也需注意，故筆者才會以唐代的茶書、茶文爲中心，對唐代飲茶文化進行研究。

唐代茶書的數量現存約有六種，其中保存完整者有四種，在這當中，又以茶聖陸羽所著之《茶經》最爲重要。

陸羽於後世被稱爲茶聖、茶仙、茶神，不光是因爲他平生嗜茶，更重要的因素在於，其爲中國首位專門研究飲茶的人。三代秦漢時期，有關飲茶的事跡等記載，主要存於詩文（如《詩經》）、釋字類書等書籍文獻中，內容不多，因而若要憑藉這些文字資料來進行相關之飲茶文化發展研究，難免會有不足。相較於此，唐代以降的飲茶文化，單就文字方面的記錄來看，數量明顯較多，內容也較爲豐富，故在研究資料方面，遠比唐代以前要來得充足，由此可知，唐代是中國飲茶文化發展的第一分水嶺，於此以後，飲茶風氣於

〔註23〕〔明〕喻政，《茶書全集》，收錄於《中國古代茶葉全書》，頁370～372。
〔註24〕〔清〕余懷，《茶史補》，收錄於《中國古代茶葉全書》，頁485～491。

中國各地大爲流行，相關著作如湧泉般出現於世，而陸羽所著作之《茶經》出於此時，該書除對唐代飲茶內容有詳細介紹外，對後世飲茶文化的發展亦影響頗深，是以與其他同時期的茶書、茶文相比，重要性極高，至今仍是研究中國唐宋飲茶文化的主要史料依據之一。

　　陸羽《茶經》之內容共分成十個部分，所談內容包括飲茶之源流、造茶用具、採茶造茶之方法禁忌、茶具用途、煮茶方式與注意事項、飲茶方式與注意事項、茶事、茶葉產地，以及關於前面各項所未提及的注意事項等，是研究唐代飲茶文化最爲重要的依據，不光是因爲書中內容記載詳盡，更重要的是，在唐代所留存至今的茶書、茶文中，唯有此書是專門針對唐代飲茶作詳細記錄的，因此，在研究唐代飲茶文化時，如不以將書列作參考，只以《唐書》〈食貨志〉、唐代文人之著作詩文爲資料，則可能會出現研究方面的問題。

　　相較於《茶經》的內容多樣，唐代流傳於後世的茶書、茶文中，內容較爲特別的有溫庭筠〈採茶錄〉〔註25〕和王敷〈茶酒論〉〔註26〕二文。溫庭筠所著之〈採茶錄〉一書，雖言採茶，風格實則爲茶話型茶書，雖今日僅存內文不多，但從文中內容可以看出，該書主要是在講述陸羽辨水、李約性辨茶、陸龜蒙嗜茶、劉禹錫同白居易以物換茶、王濛好茶至被人稱爲水厄、劉琨請其弟劉群寄茶以解體中憤悶等與茶相關之人物軼事，因此可以說此書是茶書當中的《世說新語》。

　　王敷的〈茶酒論〉在唐代茶書、茶文當中，亦屬於茶話型的文章；不同於溫庭筠〈採茶錄〉，王敷的〈茶酒論〉內容乃是以茶酒擬人，各自誇耀自己的功效等，筆法詼諧，但從中不難看出，茶與酒這二種飲品對中國飲食文化的影響。

第二節　由茶書、茶文看唐代茶區

　　人們飲茶的目的，早期主要是爲了解渴以及提神醒腦，特別是文人，因創作時的精神狀態會影響到文思或者筆法等，故歷朝文人對茶的提神醒腦功效很是注重，而由於茶本身除提神醒腦外，尚具有的解凝悶、腦疼、目澀、四肢百節不舒等功效，使之於唐代以前被當作藥材使用的情況亦頗爲常見。此種狀況發展至唐代，特別是在陸羽《茶經》問世之後，有了明顯的轉變——茶於唐代

〔註25〕〔唐〕溫庭筠，〈採茶錄〉，收錄於《中國古代茶葉全書》，頁37～38。
〔註26〕〔唐〕王敷，〈茶酒論〉，收錄於《中國古代茶葉全書》，頁39～44。

以後，雖還是有被利用於部分藥方之中，但被當成單純飲品的機會明顯更多，也更貼近於民眾的生活，因此，人們對飲茶的各項要求自然也就越發精細。

　　相比宋代以降的飲茶活動盛況與普遍，唐代因是銜接秦漢飲茶風氣開始興盛，以及宋元明清飲茶風氣大盛二時期的轉折之關係，對於飲茶各方面的要求，雖不比後面幾朝繁複，但與前朝相比，還是較爲精細複雜的，而這細緻面主要體現在道、禮、器、茶這四層次上。

　　一般而言，依照茶樹品種的不同，茶葉的製作方式多少也會有所差異，簡言之，並不是所有的茶樹嫩芽都能用來製作成茶葉，也不是所有的茶芽都能用來製成各種茶葉；如若依今日的大分類來看，茶葉基本可以所泡出的茶色、製成後的型態，以及製作材料來進行分類。依茶色進行分類，則有綠茶、紅茶、白茶、黃茶、黑茶等茶類，而若按型態來分，則茶又可分成葉茶（芽茶）、末茶、緊壓茶（磚茶）等，至於依照材料來進行分類，大抵可分成葉茶、藥茶、花茶三類，其中這裡的葉茶所指乃爲以茶芽、茶樹嫩葉所製成的茶，與型態中的葉茶所指爲製成後之狀態全葉完整的茶葉不同，不可混做一談。藥茶與花茶因製作材料中茶葉所佔比例不定，甚至根本與茶葉無關，故在進行相關之研究時，此方面的資料須特別注意，特別是藥茶，由於藥茶的製作材料多以中藥材爲主，茶葉絕大部份時候非主材料，甚至可能材料當中並無茶葉，遂於針對茶療的研究方面，要注意藥茶材料中是否有茶葉的成分，以及茶葉於藥茶中的作用。

　　茶色差異雖有受到茶樹品種不同的影響，但與之相比，製作方式所造成的對茶色呈現之影響遠較茶樹品種要來得更深，會有此情況出現的原因在於，茶葉在製作的過程當中，內含的部分成分受到如發酵、殺青、捻揉等方式影響，產生了化學變化，如此結果除導致茶色上的差異外，茶味也會因此而略有不同。

　　如前所述，茶樹品種的不同會導致茶色與茶味上之差異，而此差異所表現出來的程度，又受到茶樹的種植環境與茶葉製作手法影響。如就下面圖一的茶區分布圖來看，早於唐代，甚至在唐代以前，茶葉產地就已於西南一帶擴散至淮河流域，並主要集中在四川、長江中下游等地。這些地區若依地形圖所顯示的地形高度來作區分，則四川茶區是以盆地丘陵（即盆地邊緣之山地低海拔區地帶）爲主，而江浙茶區以杭州爲分界，以北多爲平原，以南則爲丘陵，如此之地形的差異，使得茶樹在型態與種植方面，也就出現了差別。

除四川茶區外，中國其他茶區之地形氣候與茶樹的原生地明顯有別；爲了適應種植環境的地形氣候，植物（包含茶樹在內）在生長的過程當中多少會出現一些變異，以使自身能夠順利成長，這種變化發展是長時間的，甚至是會導致該物種某些基因產生永久性之變化的，而透過這些變化，物種就會增多，所謂生物的多樣性即出自於此，人們利用此概念對物種進行改良培育，或者找尋出適合當地種植的物種，茶樹的人工培育、馴化正是在此背景之下，自秦漢，甚至秦漢以前開始進行，至唐代可說是已經略有小成。

雖然茶樹的馴化至唐代已有小成，但在有關茶樹種植環境的選擇方面，卻還是有幾點依據需要遵守，古人對此方面之要求亦相當嚴格，爲的就是使茶葉品質獲得保證，不會使飲茶活動成爲飲茶者的身體負擔。陸羽《茶經》有記載：

> 其地，上者生爛石，中者生礫壤，下者生黃土。凡藝而不實，植而罕茂。法如種瓜，三歲可採。野者上，園者次。陽崖陰林，紫者上，綠者次；筍者上，牙者次；葉捲上，葉舒次。陰山坡谷者，不堪採掇，性凝滯，結瘕疾。〔註27〕

由此段記載可以得知，唐人認爲茶樹以生於土質堅硬、環境向陽者爲佳，生長於黃土和背陰山坡、山谷處的最次，不建議採摘使用，同時，由野生茶樹所採摘的製成的茶葉，品質也比人工栽種者好，如服食到由此環境所生長採摘製成的茶，則人就容易得結石方面的病症。如依照這標準來看唐代，甚至是今日之茶區的分布，其實不難發現，這些茶區完全是按此標準來開闢的。

四川、江淮與江浙茶區，乃是自唐代開始就已完全發展的茶區，就算日後福建等茶區興起，此三茶區也並沒有完全被時間淘汰，至今仍是許多名茶的重要產地。此三地區之所以會發展成唐代的重要茶區，原因大致上有三——地形、氣候、交通。

有關茶樹的種植環境選擇，自古以來即有不少文字方面的記載，透過這些記載以及今日茶區所處之地區地形、地質、氣候等資料進行分析，大致可以得出，茶樹不宜種植在過於乾燥或過於濕潤的環境中，且對土質亦有相當之要求，大抵以顆粒大、混有礫石，排水性良好的土壤作爲首選，同時，茶樹的種植環境尚講求光照充足、溫度適宜、水分充足，而此三點與氣候密不可分，因此，在進行有關歷代茶區之變遷時，氣候的變化是勢必得要注意的。

〔註27〕〔唐〕陸羽著，宋一明譯注，《茶經譯注（外三種）》，〈一之源〉，頁6。

　　現今研究中國歷代茶區變遷，主要乃是透過文字、科學分析以及圖像等資料之間的相互交叉比對，使茶區之遷移變化得以一目了然，並可從中了解各朝茶區選擇的要素與變遷原因。

　　唐代茶區之所以會主要集中於四川、江淮及江浙三地發展，與地型氣候的因素密不可分。如前所述，有關茶樹的種植，以土壤排水性良好、氣溫雨量適中、日照充足的環境為佳，而在整個中國疆域之中，有此條件的地區不少，為何於唐朝時獨獨就以此三地區成為了當時重要的茶葉產地？原因除了地形適合之外，更重要的因素在於氣候適合。

　　茶樹生長時的溫度，包含種植之土壤溫度與大氣溫度，生長時的溫度與採收時的溫度等，對茶葉的品質都會有所影響，由此可見，溫度的穩定對於茶葉品質之良莠很重要，而唐代由於人工科技培育改良茶樹的方式並未出現之關係，茶樹的生長環境是明顯受到氣候所限制的，因此，雖然適宜茶樹生長的地形很多，但單就氣候條件來看，就只有秦嶺淮河以南的地區適合。

　　有關茶樹生長環境的適宜溫度，按今日的研究紀錄可以得知，是在攝氏20～30度之間，所能承受之最低溫度為攝氏零下15度（耐寒品種），可是實際上，一旦溫度達到攝氏10度以下，多數茶樹就會陷入休眠之狀態，氣溫更低些，就會產生凍害，使茶樹嫩枝嫩芽凍死，老葉枯焦發黃，因而冬季氣溫容易達到攝氏 0 度以下的地區，於茶樹改良出耐寒品種之前，是無茶樹種植的；此外，茶樹除會受到低溫凍害外，亦會因高溫而引起熱害；茶樹的原生地雖處於熱帶氣候區，但是，這並不代表其就能夠抵抗高溫，一般而言，茶樹在遇到日均溫達攝氏35度以上的高溫時，生長方面就會受到抑制，如若氣溫高達攝氏39度以上，且降雨量稀少，則茶樹就會受到灼傷，葉片焦變，嫩枝也會因此而萎蔫，所以，未免除茶樹受害，導致茶葉品質不佳，早期茶樹的種植區域，才會選在淮河流域以南之丘陵地帶。

　　氣候的影響層面涵蓋甚廣，如以歷史研究方面來看，受其影響者包含了災荒、經濟、外交、軍事、動植物等層面，而單就中國歷代的氣候變遷方面來看，這些影響層面其實是環環相扣的，只要有一層面出現問題，即會出現骨牌效應，嚴重的話可使政權整個傾覆，這點可從正史記載中看出端倪。中國的氣候曾經受數次全球或局部氣候之影響，導致物種的變遷或滅絕，進而引發自然災害（旱災、水災、蝗災等）、邊疆民族越過長城侵擾等問題；在這當中，離我們現今所處時間段最近的一次大型氣候變遷，乃是自宋代開始出

現端倪，直至明清方徹底影響全中國，導致糧食歉收，進而引發民亂，最終致使明朝覆滅的小冰河期。

　　唐代處於小冰河期前的氣候穩定期，因此，從氣候條件方面來看，文化經濟等層面的發展上應遠比其後面各朝要來得良好，而事實上也確實如此，這點可從正史所載之內容與唐代疆域範圍上看出；唐代茶區的發展方面，也受到氣候穩定的影響，主要集中在江浙、四川、長江中游等地，嶺南一帶雖亦有茶葉生產的情況，但規模上明顯較這幾個地區要來得小，直至五代十國，甚至是宋代，才因政治重心、經濟重心的遷移，以及氣候方面之因素而開始有長足發展，故在討論唐代茶區時，此部分可做另外的討論，於本節之中筆者暫且不談。本節所談之茶區，主要乃著重於江浙、江淮與四川三地。

圖一　唐代茶區分布圖

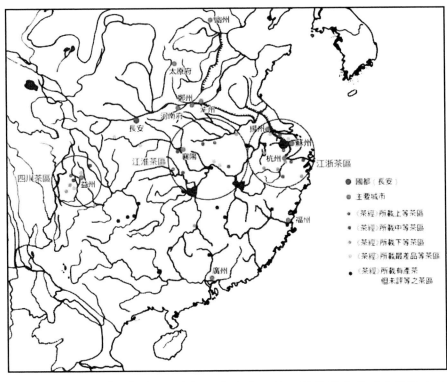

（本圖按陸羽《茶經》〈八之出〉所載內容，搭配譚其驤主編《中國歷史地
　圖集・隋、唐、五代十國時期》〔註28〕繪製而成）

〔註28〕譚其驤，《中國歷史地圖集》，第五冊，隋、唐、五代十國時期卷，北京，中
　　　　國地圖出版社，1996 年。

　　如圖一所示，江浙茶區位於長江下游流域，此茶區是茶葉種植地域於隋唐時代東移的最末端，白居易《琵琶詞併序》中所言之『浮梁』，指的正是此茶區之部分產茶州郡；江淮茶區是指位於淮河以及長江中游流域的茶區，此地茶區的發展時間約始於秦漢，是秦人入蜀並統一天下之後，開始逐步發展起來的，而待三國魏晉以後，茶區才又往東部擴張，因此，如要論時間發展之早晚，則江淮茶區的發展時間遠較江浙茶區要來得早上許多。

　　相較於此二茶區，四川茶區所處地帶乃是在高山盆地邊緣，因接近茶樹原生地之關係，是中國最早發展出飲茶文化的區域。透過此發展脈絡我們可以看出，中國飲茶文化大抵是由西向東傳播的，後受到氣候與政經因素影響，使得茶區自江浙一帶向南部發展，至今又因科技及人工培育技術進步之關係，茶區得以向北拓展至山東半島南端，話雖如此，茶區的北界始終沒有越過黃河，原因正是在於黃河以北地區入秋之後，氣溫就會開始大幅度的下降，如此四季氣溫變化顯劇的環境，對茶樹的生長而言，無疑是一大傷害，因此，就算培育出了耐寒品種，也不能表示，茶樹這本生長於溫熱帶地區的植物就可以在寒帶地區生長。

　　如前所述，茶樹對生長環境方面要求頗多，故就算是在產茶之州郡界，也不代表所有地方都能夠種植茶樹。陸羽在《茶經》中有言明，植茶的環境以『爛石』、『陽崖陰林』為佳，『黃土』、『陰山坡谷』所生之茶葉則最差，建議不得飲用，是以，其於《茶經》〈八之出〉〔註29〕中，進一步說明有關各產茶州郡中，產茶地域的詳細位置。

　　按《茶經》〈八之出〉所載，唐代茶區大致可分成八個區域－－山南、淮南、浙西、浙東、劍南、黔中、江南、嶺南，其中後面三個地區的產茶情況於唐代並不清楚，但若依陸羽於書中所言，此三地所產之茶品質皆不錯。這裡需要注意的是，陸羽《茶經》中所寫的產茶州郡分區，並非完全按照唐代的行政區劃，因唐代行政區劃曾進行過多次更動，故在進行唐代茶區研究時，需多次比對唐代各時期之行政區劃圖，以防止出現對地名或位置之判斷錯誤。

　　圖一所標示出來的江淮、江浙、四川三大茶區，其實就是陸羽所說的八大茶區之前五個茶區的總合，其中江淮茶區包含了山南、淮南二地，江浙茶區包含浙西、浙東，四川茶區指的即是劍南，之所以不稱這些地方為道，主

〔註29〕〔唐〕陸羽著，宋一明譯注，《茶經譯注（外三種）》，〈八之出〉，頁66～77。

要原因在於這裡面除了山南、淮南、劍南、江南、嶺南五地是於唐初就已建
道外，黔中建道的時間乃在盛唐，同時，山南、江南二道亦於盛唐時各劃分
為二，成了山南東道、山南西道，以及江南東道、江南西道，然此地域區劃
至安史亂後，因戰亂及節度使的勢力擴大之關係而崩潰，至晚唐時期，已無
『道』級的地域分割，更多的是節度使、觀察使等，由手握軍權者所掌控的
府州縣，因此，陸羽《茶經》所提到的八個出產茶之區域，只是一個統籌性
的劃分，而非完全是唐代的行政區劃。

　　山南、淮南二地之產茶州郡，地形方面基本都為山谷丘陵，其中，山南
以峽州之遠安、宜都、夷陵三縣山谷所產的茶為佳，襄州南漳縣山谷、荊州
江陵縣山谷所產次之，衡州衡山、茶陵二縣山谷所產再次，金州西城、安康
二縣及梁州褒城、金牛二縣山谷所產最差。淮南則以光州光山縣黃頭港所產
的茶最佳，申州義陽縣鐘山、舒州太湖縣潛山所產為次，壽州盛唐縣霍山所
產再次，蘄州黃梅縣山谷、黃州麻城縣山谷所產最差。這裡需要注意的是，
衡州於唐代屬江南西道，並不屬於山南道的範圍，但因初唐時期此州被歸於
江陵都督府管轄，而江陵都督府又屬山南道，是以陸羽方將此此州歸於山南
茶區，但在地圖上，筆者因以唐中期的分區作為依據進行茶區地圖的繪製，
故衡州被繪入江南道中，而非於山南道內。

　　浙西、浙東的茶，除產於山谷深嶺外，亦有被植於寺院者，其中，浙西
以生湖州長城縣顧渚山谷、山桑塢、儒師塢、白茅山懸腳嶺、鳳亭山伏翼閣
飛雲寺及曲水寺、啄木嶺、安吉縣山谷、武康縣山谷者為佳；生常州義興縣
君山懸腳嶺北峰、圈嶺善權寺、石亭山者為次；生宣州宣城縣雅山、太平縣
上睦及臨睦，杭州臨安、于潛縣的天目山、錢塘天竺寺及靈隱寺，睦州桐廬
縣山谷，歙州婺源山谷者再次；生潤州江寧縣傲山，蘇州長洲縣洞庭山者最
差。浙東地區則以越州餘姚瀑布泉嶺所生者為佳，明州鄮縣榆莢村、婺州東
陽縣東自山為次，台州始山豐縣赤城為下。

　　劍南地區的產茶地，多集中於劍北一帶，當中所產的茶，又以生於彭州
九隴縣馬鞍山至德寺、棚口者為佳；綿州龍安縣松嶺關、蜀州青城縣丈人山
為次；邛州所產的茶又比綿州、蜀州所產再次些；雅州百丈山、名山，瀘州
瀘川所產茶的品質又比邛州差些；產於眉州丹稜縣鐵山、漢州綿竹縣竹山者
品質最差。

　　針對這些產茶地所產的茶，陸羽應有進行過相關之比較，此可於《茶經》

內文中，其有提到「某某處與某某處同」之字眼看出。如若依照陸羽的評定來做有關唐茶產地之整理，則結果如下：

表一　唐代產茶州郡品等比較

品等＼出產地區	山南	淮南	浙　　西	浙東	劍南
一等	峽州	光州	湖州長城縣顧渚山谷		
二等	襄州	申州	湖州山桑塢、儒師塢、白茅山懸腳嶺 常州義興縣君山懸腳嶺北峰	越州	彭州
三等	荊州	舒州	常州圈嶺善權寺、石亭山 杭州臨安、于潛天目山	明州 婺州	綿州 蜀州
四等	衡州	壽州	湖州鳳亭山伏翼閣飛雲寺、曲水寺、啄木嶺 杭州錢塘天竺寺、靈隱寺 睦州桐廬縣山谷 歙州婺源山谷	台州	邛州
五等	金州 梁州	蘄州 黃州	湖州安吉、武康縣山谷 宣州 潤州 蘇州		雅州 瀘州 眉州 漢州

（此表內容乃依陸羽《茶經》〈八之出〉內文整理而成）

由上表我們可以得知，就算同處於一個州郡，也可能會因為種植環境的不同而導致茶葉的品等不同，同時，各品等間差距不大，而『同』這一字眼在此所表示的含意，可能有三：一為品等相同，二為茶樹品種相同，三為茶味相同，筆者會有第二和第三種含意之推測，原因乃是在於這些產茶州郡當中，有不少州郡的茶被陸羽稱『同』，像是峽州與光州、襄州與申州、荊州與舒州，以及黃州與宣州太平縣上睦、臨睦，還有金州與雅州、瀘州，潤州與眉州、漢州等，雖然就品等方面可能與其他州郡無異，但會被陸羽單獨與其他地區之產茶州郡相提並論，只能表示可能是因為茶種與茶味的關係，特別是茶種，因茶樹是可以移植的，故筆者方有此推斷。

第三節　由茶書、茶文看唐代製茶過程與製茶用具

　　茶味除受茶樹品種的影響外，製作手法的影響更是決定性的條件，如若依照茶色來看，則茶可分成綠、紅、黃、白、黑五種，當中又可依照製茶的手法，將之分成綠茶、紅茶、烏龍、磚茶等。

　　按今日的製茶方式我們可以得知，綠茶的製作步驟可分成採摘、殺青、捻揉、乾燥，紅茶則是採摘、凋萎、捻揉、發酵（如為小種紅茶，則須在此步驟後再行鍋炒、複揉、烘焙、篩分、複焙，不需經過最後的乾燥）、乾燥，烏龍茶的製作方式有些類似於綠茶和紅茶的綜合，主要步驟為採摘、凋萎、做青、炒青、捻揉、乾燥，磚茶中的普洱茶製作步驟則為採摘、殺青、捻揉、曬乾、渥堆、晾乾、篩分、稱茶、蒸茶、壓炳、定型脫模、乾燥、包裝等。上述幾種製茶方式乃是現代的製茶法，而如將這些製茶方式與唐代製茶方式相比，則可得出唐代茶型應為餅茶（磚茶）、散茶（綠茶）這兩類之結論。

　　餅茶，顧名思義，即指將茶芽聚合揉搓成團、壓實後所製成的餅狀磚茶，此種茶葉製作方式雖會破壞茶本身的味道，但因飲茶方式的關係，於唐宋時代頗受歡迎。而除餅茶外，唐宋時期飲茶活動所用的茶葉茶型，尚有散茶、末茶、粗茶三種，其中散茶的型態近似於今日我們所常見的紅茶、綠茶等的散裝葉茶，末茶則類似於今日的碎茶。

　　唐代末茶的製作方式介於餅茶和散茶兩種茶型之間，是茶芽與茶之嫩葉在經過蒸、搗之後，直接進入『焙』這一步驟所製成的茶。比之上述三種茶型，粗茶則是以茶之嫩葉連同嫩莖（非茶芽）所製成的茶，因所用的材料不同於其他三種茶型（餅茶、散茶、末茶的材料，大多為茶芽或茶樹嫩葉，無嫩莖），較為老熟，故在味道上略比由芽葉製成的茶顯得苦澀。而不管是哪一種茶型，於唐代皆以輾茶或煎茶二法飲食，關於此點，將在下一節中作詳細說明。

　　唐代的製茶步驟，若從陸羽《茶經》中所載的內容來看，若就《茶經》裡所記載的內容來看，大抵可分成採、蒸、搗、拍、焙、穿、封這七個步驟，其中，唐代採茶造茶時間約在農曆二至四月，也就是在仲春至初夏之間。

　　在古代，茶的採摘時間方面不似現今四季可採，大抵而言都是在農曆二至四月間，無雨天晴的清晨採摘，一旦遇上下雨與晴有雲的天氣，就不得採茶，除了對採茶時間、茶樹的生長環境有明確要求外，唐人在選擇所採茶芽方面，也有一系列的規定，包括所採茶芽的型態、色澤等，其中，『芽葉不舒』

是一項相當重要的準則，古人認爲已然舒展平開來的芽葉，所製成之茶味道較爲苦澀，故在進行製茶材料的選擇時，多會挑選茶芽或者葉面兩側反捲的嫩葉。此外，在針對製茶所需之茶芽部分，尚要求須採『中枝穎拔』者，也就是生長在中央且挺拔的茶芽方能採摘，彎曲或者受損的茶芽，一般是不會採摘用在製茶上的。

在採摘的作業完成後，須將茶芽進行進一步的加工製作，如此才會成爲人們所用來飲用的茶。唐代的製茶步驟，如前所述共分成七項，除去採茶這個步驟外，尚有蒸、搗、拍、焙、穿、封等幾個步驟。蒸，即蒸青，此步驟的目的乃是透過蒸氣將茶芽進行殺青，去除茶葉中多餘的水分，並使茶中所含的酶之活性鈍化，使茶芽不易發酵氧化，同時軟化芽葉，使之容易進入捻揉或者拍搗步驟。一般而言，現今茶葉的殺青法有蒸青、炒青、烘青和晒青四種，在這當中，蒸青是發展最早的殺青方式，但在後來最流行的卻是炒青，而這與飲茶方式的改變有相當程度之關聯，然因與本文較無關係之故，遂在此暫不作介紹。

茶芽經過蒸青軟化後，就進入『搗』。搗這個步驟，如就字面意思解釋，即是將茶芽進行捶搗，使之得以結合成團。經蒸青後的茶芽是否能夠結合成團，與此步驟所產生的汁液數量有關，汁液少則所作出之餅茶易散，多則容易使餅茶產生苦味澀味，因此這個步驟在整個製茶過程中，可說是頗受重視。

有關上述採、蒸、搗三步驟所使用之器具，於《茶經》中有相當詳細的記載。其中，蒸茶所用的器具爲釜和甑。釜和甑皆爲古代炊具，甑爲今日的蒸籠，釜則爲蒸鍋，亦即放置於蒸籠下方，用以放水加熱使蒸氣產生，使放置於蒸籠內部的物品均勻受熱的器具。用於捶搗茶芽的器具爲杵臼，亦稱爲碓，基本樣式與今日所看到的杵臼類似，然於唐代，搗茶所用之杵臼是製茶專用器具，材質有木、石、瓷等種類，當中以瓷做的杵臼體積最小，所製成的茶數量不多，因而多爲個人飲茶所用。

茶芽在經過捶搗之後，會經由『拍』、『焙』等動作再加工做成餅茶。所謂『拍』，指的乃是將已捶搗過的茶芽放置於以覆上『襜』的『承』上，以『規』圈住茶芽，拍壓成餅，方將『規』更換取茶，然後重複先前的動作。『承』是一種以石材或槐木、桑木製成的平台，也可以稱做『台』或『砧』，如以木製，則除厚度要較厚外，還須將其下半部埋入地裡固定，以防拍壓餅茶時因基台不穩而導致傾覆或者所成餅茶厚度不一的狀況。『襜』是一種以

油絹或衣服布料做成的遮隔物，是放置在『承』上，用來在餅茶壓製好後方便將餅茶從『規』中取出的用具。『規』又可稱爲『模』，顧名思義，即是用來製作餅茶的模具。唐代所用來做餅茶的『規』形式較爲簡略，不似宋代的花樣繁複，同時也無底部壓花花紋，單純只是外框，因此唐代餅茶的外觀簡樸，形狀大抵有圓、方、花三類，面上無壓印花紋。

雖然唐代餅茶的外型可分成三類，然而，實際上卻又可細分成好幾種，按《茶經》所載，當時餅茶中的精品外型應爲『胡人靴』、『犎牛臆』、『浮雲出山』、『輕飆拂水』、『澄泥』、『新治地者，遇暴雨流潦之所經』等，劣品則似『竹籜』、『霜荷』〔註30〕，細數下來，約莫共可分成八等。陸羽認爲，茶葉的好壞會影響製成的餅茶品質，因此『有如竹籜者，枝幹堅實，艱於蒸搗……有如霜荷者，至葉凋沮，易其狀貌……』〔註31〕，實在是不宜製茶。

餅茶於製成之後，須經過『焙』、『封』此二步驟才能夠長時間的封存。『焙』這一步驟乃是指透過火之熱氣將餅茶中多餘的水分烘乾，使餅茶不會因爲所含水份過多的關係，導致質變發霉。茶之所以能耐保存，與『焙』，也就是乾燥這個步驟密切相關，因古代不像現代有乾燥劑、除濕機或防潮箱、冰箱等可以用來保存對環境有所要求的物品，特別是食物，所以，爲了使得來不易的食物可以保存很長一段時間，古人便在料理手段上下了很大的功夫，諸如醃製、燻乾、烘烤等，都是古人用來保存食物的傳統手段。在這樣的情況下，爲了保存茶葉，人們選擇採用烘乾的手段來對茶葉進行乾燥加工也就不難理解了。然而，如果只有依賴烘乾來保存已製好的餅茶，時間久了，則餅茶還是有很大的可能性會因爲受潮而導致敗壞，因此，爲了使餅茶在保存的過程中不受潮，『封』這個步驟就很是重要。

唐人封茶，所用之材料爲木框竹篾，上有糊紙，按《茶經》中的記載，此種器具被稱爲『育』，原文如下：

> 育，以木製之，以竹編之，以紙糊之。中有隔，上有覆，下有床，傍有門，掩一扇。中置一器，貯煻煨火，令熅熅然。江南梅雨時，焚之以火。育者，以其藏養爲名。〔註32〕

『育』的器型結構，若依照原文的描述來進行推測，則應該類似於今日

〔註30〕〔唐〕陸羽著，宋一明譯注，《茶經譯注（外三種）》，〈三之造〉，頁15～16。
〔註31〕同上註。
〔註32〕〔唐〕陸羽著，宋一明譯注，《茶經譯注（外三種）》，〈二之具〉，頁12。

的竹籐，於上糊有紙面可透氣，另有蓋子可隔絕灰塵，於下則有托架，托架兩旁設有兩扇門，其中一扇門長期關起，裡面可以放置容器盛裝帶有餘燼的炭灰，讓育器內部的溫度固定在一個程度上，而如遇梅雨季節，則採明火以驅除濕氣。

由上述原文中，可以看出唐人對封茶這一步驟的重視。茶之所以要妥善封存，爲的就是避免受潮走味，而唐代茶的產地，主要是集中在長江中下游一帶，其他像是嶺南、西南等地之丘陵地帶亦有產茶，這些地區於農曆的四、五月份時進入梅雨季，陰雨綿綿的情況基本可持續一個月有餘，空氣中的濕度也因此而大幅提升，在此情況底下，食物受潮的狀況就會增加，因此，如何使餅茶保存在乾燥不受潮的環境，育器的結構組成與使用方式就值得注意。

除了『釜』、『甑』、『杵臼』、『規』、『承』、『檐』、『焙』、『育』等器具外，用於製茶方面的器具尚有『籯』、『灶』、『芘莉』、『棨』、『撲』、『貫』、『棚』、『穿』等，其中『籯』、『芘莉』屬於盛裝用具，『籯』是用在採茶時以盛裝採摘下的茶芽之用具，而『芘莉』則用於盛裝從『規』中取出的餅茶，以準備進入『焙』這一步驟的器具。『棨』、『撲』、『貫』、『穿』四具於製茶用具中，屬於穿鑿用具，主要是用來在焙烤或者是搬運時穿鑿貫通餅茶，使之方便運輸。『棚』是用於焙茶的器具，餅茶在經過『貫』、『穿』之後，置於『棚』上，以焙坑中的火力將餅茶中的水分消除，如此方能進入『封』這一步驟，達到茶時間保存茶葉的目的。

於西安法門寺所出土的唐代茶具中，有兩項屬於外型特殊之用具——金銀絲結條籠子、鎏金球路紋銀籠子，此二項器具的特徵爲平底、四足、有提樑、有蓋、成橢圓形筒狀，若依《茶經》的內容來看，此器型雖與『都籃』類似，但如按照該書中所詳述之尺寸來看，則又明顯與記載不符，遂此二器具雖爲儲存用具，卻非用於儲放飲茶用器物，而是用於放置餅茶的可能性較高。再者，此二籠子與外觀上，乃是以編織方式製成，有無數孔縫，水氣及空氣可透過這些孔縫自器具內部散出，故多數學者認爲，此種類型之器具可能是唐時放置於焙坑上，以取代『棚』之功能，用於烘炙餅茶的茶籠。

前面所述之七項製茶步驟與製茶器具主要是針對餅茶，但實際上，唐代與宋代相同，除了餅茶外，還有散茶、末茶、粗茶等三種茶流傳於世。散茶和粗茶茶的製作步驟，於唐代可說是相當簡要——基本步驟有四：採、蒸、

焙、封，而末茶與粗茶、散茶不同，製成步驟有五：採、蒸、搗、焙、封。

在進行『焙』和『封』這兩步驟前，散茶、粗茶、末茶基本是不需要進行『穿』，也就是貫通這一步，因這三種茶無論是在製成前還是製成後，都呈現散開狀，是以，在製作當中，於『焙』這一步驟上，此三種茶是直接放置於『芘莉』上，直接將水分烘乾。而為避免在『焙』的過程當中，因受熱不均導致茶葉焦化或者是水分蒸散不全，翻茶移動就顯得很重要，特別是餅茶，如果因受熱不均導致餅茶內部的水分蒸散不全，則此餅茶就很可能會因此出現敗壞之現象。

散茶、末茶、粗茶雖然在茶葉型態上與餅茶有差異，但同樣的，於『焙』這一步驟當中，也須定時翻烤，以防止出現茶葉焦化的狀況，一旦茶葉焦化，茶味就會變苦，故此步驟於整個製茶過程致中，可以說是僅次於『採』，與『封』同等重要的步驟。

綜上所述可知，散茶與團茶最大的差異，就是不經過搗、拍這兩個將茶芽塑形壓實的餅茶製作步驟，使茶芽在製成茶葉之後還保持其完整型態，這種製作方式因相當簡便，不似餅茶複雜，因此在明代之後受朝廷政策推廣的關係，成為後世飲茶主流的茶型。

茶味的好壞與原料及製作過程有關，是以各朝在進行茶葉製作前，都會對材料，也就是茶芽進行揀擇，除將所摘茶芽中帶有得的殘枝敗葉揀出外，也會對茶芽嫩葉等進行篩選，以確保製作出來的茶品質優良，然而，因當時擇茶揀茶都是人工作業，加之所採茶芽量大的關係——按《茶經》所載，採茶所用的『籃』，『以竹織之，受五升，或一斗、二斗、三斗者』〔註33〕，一斗為十升，而唐代升有大小之分，依唐代度量衡制度對比今日的容量制度來看，則唐代的『籃』容量，小型的應為 1～3 公升，大的應為 2～18 公升——導致往往會有部分品質不佳的茶芽殘留於其中，故茶葉在製作完成之後，如何評定其好壞、好壞的標準如何等，對茶人而言相當重要。

唐人識茶之品質好壞，乃有口訣可以做為依據，但此口訣的內容為何，今日已不可知，不過，如按照《茶經》的內容來做判斷，則唐人評判餅茶的好壞，主要是看餅茶的顏色、外表、光澤，然而這些部分會因製作方式及放置時間而出現差異，因此如只靠某一方面就對餅茶的品質進行評斷，很有可能會因此而導致選擇到品質不佳的餅茶。相較於餅茶，散茶等其他三種茶型

〔註33〕〔唐〕陸羽著，宋一明譯注，《茶經譯注（外三種）》，〈三之造〉，頁16。

的選擇方式，於唐代茶書中雖未做任何說明，但這並不代表唐人就不重視除餅茶外的其他三種茶型，很有可能是因為此三種茶型皆是以葉茶（或茶末）的方式呈現，不似餅茶那般，是由茶葉整個凝聚起來，除表面外，內裡一概看不清楚，所以，相較於餅茶品質好壞的不易辨別，散茶等三種茶型反而可從茶葉型態、氣味等來進行辨識，因此才會沒有在相關茶書中進行說明。

第四節　由茶書、茶文看唐代茶具與飲茶方式

茶具有廣義與狹義之分，基本上，所謂廣義茶具指的是製茶器具與飲茶用具，而狹義的茶具主要乃指飲茶用具，如就今日的飲茶文化來看，飲茶用具包含有壺、杯、盤、海、爐、籠、杓⋯⋯等，因筆者已於上節提過製茶器具，故本節所談之茶具，乃是指狹義的茶具。

飲茶文化的發展，與社會生活文化的發展密不可分，受此影響，製茶方式與茶具造型就會跟著時間的發展而有所改變，因此，在對飲茶文化進行研究時，製茶方式和茶具是需要注意的重點。本節將從《茶經》等唐代茶書、茶文所介紹的茶具內容，以及陝西扶風法門寺所出土的唐代茶具，來看唐代的飲茶文化發展。

唐代的飲茶文化，如前所述，與現今的飲茶文化明顯有所差異，而這個差異出現的原因，與明代以後朝廷政策的變化密切相關。現今所能看到的，帶有唐宋飲茶文化殘影的飲茶文化，乃是日本茶道與客家擂茶，其他流行於亞洲各地，尤其是海峽兩岸三地的飲茶文化，基本都是明清以後才發展出來，但不可否認的，唐宋時期所發展出來的飲茶文化，對後來的飲茶文化發展影響還是頗深。

唐人飲茶共有九個步驟，如依《茶經》內容所述，則此九項步驟依序為：

> 一曰造，二曰別，三曰器，四曰火，五曰水，六曰炙，七曰末，八
> 曰煮，九曰飲。〔註34〕

這九個步驟，前二項與茶的品質有密切關係，而三到五項則是針對飲茶的準備，後四項才是飲茶的正式步驟。

在飲茶的過程中，如前所述，以茶、水、器三者為重，因此，會影響到茶味的因素，於任何一項過程裡都會被盡可能地排除。陸羽於《茶經》中所提出的這幾項步驟，有關造茶、辨識茶的好壞這二部分已於上一節中進行說

〔註34〕〔唐〕陸羽著，宋一明譯注，《茶經譯注（外三種）》，〈六之飲〉，頁40。

明，於此不做闡述。與茶葉同會影響到茶味的還有火、水這兩部分，此二部分的選擇因會影響到水味，進而影響到所煮泡出來的茶汁味道，故在行飲茶之事時，亦須對此部分多加注意，有關此部分，筆者將於下節進行探討。

茶具在整個飲茶文化當中，所占有的地位頗為重要，此乃是因為茶與水、茶與人之間，皆需透過茶具方能進行調和，所以，於飲茶的過程中，茶具並不單純只是盛裝、製作的工具，同時還居於協調的位置，使茶對人，不管是在生理上還是心理層面都影響深遠。文人好茶，除去茶本身所具有的提神等功效外，與煮泡茶時所感受到的平和意境及心態之轉變也有關係，故在討論歷代飲茶文化的內容時，茶具這一大項目是絕對不可忽略不談的。

唐代的飲茶用具，如按照《茶經》中所記載的內容來看，共有二十四件，單就材質方面來看，有竹、木、金屬、琉璃、陶瓷等材質，而在這些材料當中，火器基本是由金屬製成，水器多為竹、木製成，茶器則多為陶瓷製品，少部份配件（如把手）乃由紙製成或包裹住。

紙製部份的茶具，大抵多用來存儲茶葉或者是做輔助用品，其中較為特別的是剡藤紙製成的紙囊。剡藤紙產於浙江剡溪（今浙江嵊縣），是一種以藤為原料所製成的紙，唐人將色白質厚的剡藤紙，取兩張中置入炙烤過的茶後夾縫，形成囊狀，這樣除可用來保存茶的香氣，使之不易消散外，還因剡藤紙具有堅滑不蠹之特性，可以保證茶不易受潮、蟲蛀，而剡藤紙本身於當時可說是相當名貴的紙張，由此可以推測，倘若茶在當時價值不高，理應不會被人如此細膩對待，換言之，茶在唐代就已屬於名貴物資，因而才會被人以剡藤紙封存。

根據《茶經》所載內容，唐代飲茶用具中屬於火器（烹煮器、的有筥、風爐（附灰承）、炭檛、火筴、鍑、交床；水器則有水方、漉水囊、瓢、竹筴、醝簋、熟盂，盛裝用具有碗、畚、具列、都籃，夾、紙囊、輾、羅合、則等為存茶、取茶用具，其他如禮、滌方、滓方、巾為泡茶用具。

唐代所用的茶具中，火器大抵是用金屬——主要是鐵、銅所製成，因金屬物質遇火不易溶解燃燒，且傳熱性相當良好，故在製作與火相關之用具時，人們大多都會選擇以金屬為材料進行製作。在這些飲茶用的火器中，材料較為特別者有二：一是筥，另一則為交床。筥為一種用竹條或藤編成的圓柱型器具，有蓋，原是用來盛裝米飯的用具，於唐代飲茶文化中，應是被用來盛裝炭檛、火筴、夾等器具的容器。交床為用來放置鍑，是一種以十字交

叉、中間挖空的方式製成之用具，一般是以木材製成。

如按今日的日本茶道以及《茶經》中所載之內容來進行推測，則鍑與風爐的用途類似，都是用來生火煮水的器具，兩者不同的地方除了外型，尚有使用方式的差別。《茶經》記載：

> 風爐，以銅鐵鑄之，如古鼎形。……凡三足……其三足之間，設三窗，底一窗以爲通飆漏燼之所。上并古文書六字：一窗之上書「伊公」二字，一窗之上書「羹陸」二字，一窗之上書「氏茶」二字，所謂「伊公羹，陸氏茶」也。置墆㙿於其內，設三格：其一格有翟焉，翟者，火禽也，畫一卦曰離；其一格有彪焉，彪者，風獸也，畫一卦曰巽；其一格有魚焉，魚者，水蟲也，畫一卦曰坎。巽主風，離主火，坎主水，風能興火，火能熟水，故備其三卦焉。……其爐，或鍛鐵爲之，或運泥爲之。其灰承，做三足鐵枡台之。〔註35〕
>
> 鍑，以生鐵爲之。……土滑於內，易其摩滌；沙澀於外，吸其炎焰。方其耳，以正令也。廣其緣，以務遠也。長其臍，以守中也。臍長，則沸中；沸中，則末易揚；末易揚，則其味淳也。洪州以瓷爲之，萊州以石爲之。瓷與石皆雅器也，性非堅實，難可持久。用銀爲之，至潔，但涉於侈麗。雅則雅矣，潔亦潔矣，若用之恆，而卒歸於銀也。〔註36〕

由上述原文可知，風爐與鍑雖皆爲煮水器，但風爐的用途比較偏向於單純煮水，而鍑則可做爲煮水器或煮茶器使用。風爐外型類似於鼎器，上刻有八卦中象徵著風、火、水的巽、離、坎三卦及圖騰，以此象徵其於飲茶器具中所代表的角色，而其製作材料以鐵、銅、泥三種爲主。與之相比，鍑乃是以生鐵爲胎，泥沙爲表製成的水器，除可用來單純煮水外，亦可投入茶末作爲煮茶器使用，然而，於洪州、萊州兩地，鍑的製作材料並非爲鐵，而是陶瓷與石頭，而最佳的材料則是銀，陸羽認爲，銀製鍑雖然稍嫌奢侈華貴，卻可長久使用，因此，如要長久使用，最好是選擇以銀製成的鍑。

根據法門寺所出土的茶具來看，唐代由金屬所製成的茶具中，最爲高檔的莫過於銀製，這與《茶經》中所提及的恆久使用之考量，有一定程度的關係，但不可否認的，由於金銀本身屬貴金屬的關係，能夠使用銀質茶具的人，

〔註35〕〔唐〕陸羽著，宋一明譯注，《茶經譯注（外三種）》，〈四之器〉，頁18。
〔註36〕〔唐〕陸羽著，宋一明譯注，《茶經譯注（外三種）》，〈四之器〉，頁20。

於唐代應該不多，加之法門寺於唐代乃爲皇家寺院，因此，該寺所出土的茶具，應爲皇室所用或賜贈的可能性極高。

茶具之中，用於炙茶的用具乃爲夾。唐代飲茶，如所用爲餅茶，則須以火炙一段時間，待餅茶遇火炙出茶香後，方置於碾中碾研成末。炙茶所用的夾，按《茶經》所載內容來看，以小青竹製成者爲佳，因小青竹在遇火烤炙時會冒出津液，使餅茶更容易沁出茶香，所以才會成爲製作夾的材料首選，然而，小青竹產於山林溪谷中，取得不易，因此唐人泡茶大多使用精鐵、熟銅製成，可以恆久使用的夾。

餅茶在經過火炙之後，須先置入紙囊中降溫，同時防止炙出的茶香散去。而待餅茶冷卻後，尚須經過碾研成末方能煮茶，至於散茶、粗茶等茶型，在唐代則有兩種飲用方式──一爲碾飲，也就是與餅茶相仿，雖不用火炙，但還是須經過輾研後才可用於飲茶。另一種則是將茶葉或茶末直接投入熱水當中煮飲，或與其他材料共煮成羹湯食用。

碾飲所需使用的工具除了夾、紙囊、碾外，還有羅合和則，其中碾的製作材料最好爲橘木，次之則是以梨、桑、桐、柘等木材製成，可分成兩個部分──臼和木墮。臼的形態內圓外方，墮的形態則形似加有軸心的厚圓木片，唐人利用此二者間的相互摩擦碾揉將茶葉磨成細末，後將茶末以羅篩篩過·置入茶合當中。羅合爲羅篩和茶合二項物品的並稱，羅篩是以竹竿製成外框，蒙上紗或絹製成的篩網製成，用來將茶末篩過，使茶末得以細緻化、顆粒粗細大小一致，而茶合則是以竹節，或者是以彎曲的杉木片爲胎心上漆製成，用來放置已經碾研篩妥的茶末。今日日本茶道中，與茶合類似的器具爲『棗』和『茶入』，其中『茶入』爲陶瓷器，『棗』爲木胎漆器，後者與唐代茶合的形態最爲相近。

將茶末自茶合中取出的用具稱爲『則』，按《茶經》所載，『則』有測量的標準、度量之意。《茶經》〈四之具〉載：

> 則，以海貝、蠣蛤之屬，或以銅、鐵、竹匕策之類。則者，量也，準也，度也。凡煮水一升，用末方寸匕。若好薄者，減之；嗜濃者，增之，故云則也。〔註37〕

由上述內容可知，『則』類似於今日茶具中的茶則，不同的地方在於，今日茶則所取之茶乃爲葉茶，而非唐時的末茶，且製作的材料方面也有些許不同─

〔註37〕　〔唐〕陸羽著，宋一明譯注，《茶經譯注（外三種）》，〈四之器〉，頁23。

一唐時的『則』製作材料爲海貝等貝殼，或者是銅、鐵、竹等，今日的茶則除了用上述材料製成外，亦有象牙、陶瓷、木材等材質製成的，但如論器型，則兩者基本一致，用法也相當。

現今中國茶道中，針對茶具部分有四君子、六君子這兩種說法，四君子所指的是茶則、茶筴、茶針、茶匙，六君子則多了茶漏、茶桶兩項，其中茶則、茶筴的器型與唐時基本無異，可說是除茶壺、茶杯外，所有現今茶具當中出現時間最早的兩項。然而，此二項茶具中，唯有茶則是用途無變化的。茶筴的用途在明代以後，因飲茶所用茶型改爲散茶，不再是以餅茶爲主之關係，無須再將餅茶夾於火上炙烤生香，故改變用途爲將茶渣從茶壺中取出，或者將茶杯夾起洗杯等。

飲茶文化的發展，與茶、水、器三者密不可分，只要缺一，就無法形成飲茶文化，也因此，在整個飲茶的過程當中，有關取水、貯水方面的水器，在整個茶具中也佔有重要的地位。

唐代飲茶所用的水器中，除水方、瓢外，較爲特殊者有四：漉水囊、竹筴、鹺簋、熟盂，其中後兩者的材質爲陶瓷，特別是鹺簋，該物件是用來放置細鹽的盒子或瓶子，內有竹片製成的楬可用來取鹽。唐人飲茶，於煮茶水中會添加少許的鹽以增加水味，這個習慣與茶早期被當作是羹湯材料有關，現今中國邊疆少數民族（主要是蒙古族、哈薩克族、柯爾克孜族、藏族）的奶茶，還延續著加鹽的習慣，而漢民族的飲茶習慣自宋代以降，就單純以水來行飲茶之事，因此，宋代以後的茶具中就甚少出現裝鹽、取鹽之用具。

水方、漉水囊、瓢、熟盂四者皆爲盛水用具，當中水方所裝爲生水，熟盂則是用於盛放開水。水方以木製成，並將內外縫隙塗漆以防漏水，其內容量約一斗，用於裝放從山林江邊等處所取得的，尚未經過漉水囊過濾之生水。漉水囊，顧名思義，即是用來過濾水中雜質的器具，按《茶經》中所載，此器具的製作材料爲生銅、青竹篾。《茶經》〈四之器〉載：

> 漉水囊，若常用者，其格以生銅鑄之，以備水濕無有苔穢腥澀意。
> 以熟銅苔穢，鐵腥澀也。林棲谷隱者，或用竹木。木與竹非持久涉
> 遠之具，故用之生銅。其囊，織青竹以卷之，裁碧縑以縫之，紐翠
> 鈿以綴之，又作油綠囊以貯之。[註38]

由上述記載可以得知，漉水囊之所以會選擇以生銅做爲框架材料，原因乃是

[註38]〔唐〕陸羽著，宋一明譯注，《茶經譯注（外三種）》，〈四之器〉，頁24～25。

在於生銅不似熟銅、鐵易生水銹，可以防止水在過濾的過程當中，因水銹的
關係而導致變質變味，同時其也具有恆久使用的特性，比之竹木等材料，所
能使用的時間較爲長久，因此，除非是地處於山林內，無法取得生銅製作框
架，才以木竹等材質爲料製作，否則多數人所使用的漉水囊，基本都是以生
銅製成框架。

　　飲茶之人，除重視茶和水的品質外，對茶具的外型、使用時間等亦頗爲
重視，也正是因爲如此，陸羽才會在《茶經》中，反覆強調若要恆久使用某
樣茶具，便須使用何種材料製成，然而，這些強調恆久使用的茶具，多屬於
火器和水器中，會經常與火或水接觸者，如鍑、夾、漉水囊等，於《茶經》
內文中皆有言明如要使用長久，就須用什麼材質製作。與此相對的，飲具等
盛裝用具雖無言及使用恆久之字眼，但在選材方面，同樣也需盡可能選擇優
質、適當的材料來進行製作，這點可從《茶經》中對茶具的介紹看出。

　　在唐宋茶具當中，除去研茶器、火器、水器之外，盛裝用具中最爲重要
者乃是茶碗。唐代茶碗的出產地，基本與當時的重要窯廠所在地重疊，換言
之，凡是有出產陶瓷器的窯場，大多都有進行茶碗的燒製。按《茶經》所記
載，唐代茶碗以越州窯所產最佳，壽州、洪州最次；該段原文如下：

> 碗，越州上，鼎州次，婺州次，岳州次，壽州、洪州次。或者以
> 邢州處越州上，殊爲不然。若邢瓷類銀，越瓷類玉，邢不如越一
> 也；若邢瓷類雪，則越瓷類冰，邢不如越二也；邢瓷白而茶色丹，
> 越瓷青而茶色綠，邢不如越三也。晉杜毓《荈賦》所謂「器擇陶
> 揀，出自東甌」。甌，越也。甌，越州上。口唇不卷，底卷而淺，
> 受半升已下。越州瓷、岳瓷皆青，青則益茶，茶作白紅之色。邢
> 州瓷白，茶色紅；壽州瓷黃，茶色紫；洪州瓷褐，茶色黑，悉不
> 宜茶。〔註39〕

由此段原文可以得知，陸羽之所以會將越州窯所出的茶碗列爲飲茶用碗首
位，原因與越州瓷碗的色、型有關。所謂『色』，指的是茶碗的釉色，包含
現今飲茶所用的壺杯具，歷朝歷代的茶人對此皆相當注意，因茶碗的釉色會
影響到當中茶色之呈現，而不同於明清以降對茶色的尚『清』之要求，唐宋
時期的茶人認爲茶色以『白』爲佳，只不過，唐宋茶人所言之『茶色白』還
是有些不同－－唐人認爲好茶的茶色是白偏黃青，宋人則是認爲好茶的茶色

〔註39〕〔唐〕陸羽著，宋一明譯注，《茶經譯注（外三種）》，〈四之器〉，頁27～28。

應為白中透青。如若以此要求來看唐代茶碗，則會影響到茶色顯現的茶碗自然就無法獲得人們青睞，是以，越州窯所出的茶碗才會頗受唐人歡迎。

越州窯所出產的瓷器特色，主要有青、潤、冰三點，其中『青』指的是釉色，『潤』、『冰』所指的分別是瓷器的釉面與光澤。在中國瓷器發展的歷史當中，單釉色瓷器大抵可分成三大類——青瓷、白瓷、黑釉瓷，其中青瓷出現的時間最早，黑釉瓷最晚，然而，在飲茶文化中，茶碗或茶杯所用之釉色，卻是以青瓷、黑釉瓷、白瓷的順序發展，這與各朝所好之茶色有密切關聯。

唐人飲茶，如前所述，茶色尚『白』，而為了襯托出這種『白』的茶色，茶碗的釉色就顯得很重要。按《茶經》所載之內容來看，唐時瓷窯中有出產茶碗的共有七處，當中以越州窯和岳州窯所產的青瓷茶碗最受歡迎，此二窯所產的青瓷茶碗受歡迎之原因在於其色正，恰好可以襯托出茶色的白，與其他窯場所出的茶碗相比，這是最大的優勢。其他幾個窯場所出的茶碗，特別是邢州窯、壽州窯、洪州窯等，因釉色的關係，會使茶湯所呈現出來的顏色產生不同之變化，因此不被用於飲茶中。

唐代茶碗形制，若依陸羽《茶經》及相關出土文物考證結果來看，則口徑約在十三～十五公分間，深度約三～五公分，「口唇不卷，底卷而淺，受半升已下。」此種器型不僅方便盛茶，同時亦方便飲茶者飲用，是當時認為最適宜用來飲茶的茶盞樣式。

茶具型態對飲茶方式的影響很深，不同之茶具材質對茶液會有不同的影響，所以，為了避免茶液味道變味變質，茶具的材料選擇就很重要，這也就是為何陸羽會在《茶經》中會，不斷提到茶具材料選擇的原因。

唐人飲茶，以三、五碗為限，所飲的茶，其實是茶湯上的浮沫，唐人認為，此浮沫是茶湯的精華，形態各異，但最好的是第一碗茶，因此，在飲茶時，唐人往往會將第一碗茶另外取出，裝入『熟盂』當中，做為下次煮茶時投入熱水時所用。熟盂，乃是一種用來裝熟水的陶瓷器具，於《茶經》中有載：

> 第一煮水沸，而棄其沫之上有水膜如黑雲母，飲之則其味不正。其第一者為雋永，或留熟盂以貯之，以備育華救沸之用。諸第一與第二、第三碗次之。第四、第五碗外，非渴甚莫之飲。凡煮水一升，酌分五碗。乘熱連飲之，以重濁凝其下，精英浮其上。如冷，則精

英隨氣而竭，飲啜不消亦然矣。〔註40〕

由上述原文可以得知五點信息如下：

1、唐時飲茶法有二，如前所述分別爲輾飲法與煮飲法，而於此段原文中
可以看出，若茶以煮飲法喫之，則茶於第一次煮沸時，需先去掉浮於
水面茶沫上的水膜，以避免茶味不正。

2、茶於去掉第一次煮沸時所浮出的水膜後，所舀出的第一道茶液常會被
人儲存於熟盂中，以準備用來孕育茶湯之精華或止沸時使用。

3、唐人飲茶，以一升水分三、五碗爲限，如人數眾多，則會加爐煮之，
五碗以後，如需再分茶，則須重煮，除非是特別口渴，否則不可多分。

4、唐人認爲，飲茶需趁熱連飲，因重濁的茶渣會凝聚在煮好之茶湯下
面，故在舀取茶湯時，須從上面茶沫處舀起，不得深攪舀茶。

5、唐人認爲，茶不得放冷後才飲用，因茶冷後其精華會消失，使飲茶的
樂趣也跟著消散。

唐人飲茶，所側重的重點與後世多有不同，但相對的，透過這種飲茶方
式我們可以得知，飲茶文化發展的初期，茶並非被當成飲品，而是當成食材、
藥材使用，直至唐代中葉以後，此性質才開始逐漸轉變，成爲以飲品爲中心
的飲用方式，至宋代以降，特別是明清，茶已甚少被用於藥用，直至近十多
年因科技進步的關係，茶的療病養生效用才又開始逐漸受到重視，然而，飲
茶方式的改變所代表的，不是某種飲用方式的銷聲匿跡，此種連同茶沫一同
飲用，甚至添加其他食材與茶一同飲用的行爲，影響到了後來客家擂茶、日
本茶道及邊疆少數民族的飲茶習慣，現今我們還可以從這些飲茶習慣鐘看到
唐代飲茶方式的殘跡。

第五節　由茶書、茶文看唐代飲茶用水

唐代茶書、茶文，內容除了記述有關茶的選擇、製作之外，對於用水以
及煮水方面的選擇和禁忌，也同樣有進行說明，其中，在《茶經》〈五之煮〉
中有記載：

其水，用山水上，江水中，井水下。《荈賦》所謂「水則岷方之注，挹彼清
流」。其山水，揀乳泉、石地慢流者上。其瀑涌湍漱，勿食之，久食，
令人有頸疾。又多別流於山谷者，澄浸不泄，自火天至霜郊以前，

〔註40〕〔唐〕陸羽著，宋一明譯注，《茶經譯注（外三種）》，〈五之煮〉，頁 35～36。

或潛龍蓄毒於其間，飲者可決之，以流其惡，使新泉涓涓然，酌之。

其江水，取去人遠者。井取汲多者。〔註41〕

由此可知，唐人對於泡茶用水的選擇，以山泉水為最佳，井水最次，且對水的取得位置等方面有所要求，為的就是防止飲用水不當造成疾病，而這種以山泉水為最佳，江水次之，井水最次的分級，於唐代張又新的〈煎茶水記〉中有更詳細的描述。

在張又新〈煎茶水記〉中，記載了唐代劉伯當以及陸羽對於水品的兩種說法，這當中，劉伯當將水品分為七等，依序為：

揚子江南零水第一；無錫惠山寺石泉水第二；蘇州虎丘寺石泉水第三；丹陽縣觀音寺水第四；揚州大明寺水第五；吳松江水第六；淮水最下，第七。〔註42〕

從這七個品等所言的水之出處來看，則除揚子江南零水外，第二至第七等基本按照了陸羽於《茶經》中所提到的取水依據來排列。相較於劉伯當的水品論，陸羽的水品分等較為細膩，一共分成二十等，依序為：

廬山康王谷水簾水第一；無錫惠山寺石泉水第二；蘄州蘭溪石下水第三；峽州扇子山下有石突然，泄水獨清冷，狀如龜型，俗云蛤蟆口水，第四；蘇州虎丘寺石泉水第五；廬山招賢寺下方橋潭水第六；揚子江南零水第七；洪州西山西東瀑布水第八；唐州柏岩縣淮水源第九；淮水亦佳。廬州龍池山嶺水第十；丹陽縣觀音寺水第十一；揚州大明寺水第十二；漢江金州上游中零水第十三；水苦。歸州玉虛洞下香溪水第十四；商州武關西洛水第十五；未嘗泥。吳松江水第十六；天台山西南峰千丈瀑布水第十七；郴州圓泉水第十八；桐廬嚴陵灘水第十九；雪水第二十。用雪不可太冷。〔註43〕

陸羽的水品分等基本按照其於《茶經》中所言之『泉水上，江水中，井水下』以及『泉揀乳泉、石地慢流者，江水揀去人遠者，井揀汲多者』，而如就這兩點來進行判斷，則劉伯當所言之揚子江南零水第一似乎就不怎麼恰當了。揚子江即長江下游，於漢代三國以來就已逐漸成為水上交通的要道之一，在有人流往來的情況底下，該地區的水自然就不符合陸羽所言之泡茶用水中最上

〔註41〕〔唐〕陸羽著，宋一明譯注，《茶經譯注（外三種）》，〈五之煮〉，頁33。

〔註42〕〔唐〕張又新，〈煎茶水記〉，收錄於《中國古代茶葉全書》，頁29。

〔註43〕〔唐〕張又新，〈煎茶水記〉，收錄於《中國古代茶葉全書》，頁29～30。

佳的水品，是以，揚子江南零水自劉伯當所評價的第一品水，變成了陸羽所評水品中的第七等，可以說是很正常的一件事。

　　從此二種水品中尚可以看出，不論是哪一個地區所出的水，基本不出所謂『天水』和『地水』的範圍。根據于觀亭《中國茶經》〔註44〕所言，所謂天水，指的是自然界中所自然形成的雨水、雪水、露水等，而地水，指的則是泉水、江水、井水……等，而如以此標準來看劉伯當及陸羽所提出的水品，則可很明顯的看出，劉伯當所提出的七水品皆屬於『地水』的範疇，陸羽所提出之二十水品，前十九項亦屬於『地水』，惟第二十之雪水屬於『天水』的範疇。

　　這些水的特點，在於流動不息，但也不宜流動過於湍急，之所以會有這樣的概念，與古人『流水不腐』的概念有關。水長流，則爲活水，除天水外，江水、泉水等地水若要用於煮水泡茶上，則勢必要挑選活水，一方面是因爲地水本身較『硬』，活水會比平靜無波的水含氧量要多，另一方面則是在於活水較不容易積蓄雜質毒物，對人體而言比較好。

　　雖說活水是唐人泡茶時的取水之基本要求，但流水湍急者與澄浸不泄者皆不宜飲用，只因流動湍急的水中雖含有大量的氧，相對而言也較具有雜質與二氧化碳，對人體的頸部會造成影響，而澄浸不泄的水即是死水，死水容易腐敗滋生細菌，且有可能會被蟲蛇等毒物積毒於其中，故不可以飲用。除這兩種水外，江水如離人煙近，則會受到環境汙染的影響，導致其不宜飲用，因此，陸羽才會在說明水之取用時，強調如要取江水煮茶，則需取去人遠者。與之相反，井水因開鑿於民眾住居聚集地，本身流動型態近似死水，雖會透過地下水進行補充，但速度緩慢，若長時間不用，就容易累積雜質污物，因此，才會有泡茶取井水者，需取常被汲取之井的水一說。

　　唐代飲茶用水除須看取自何處外，尚須看如何煮水。陸羽在《茶經》中有言，水以三沸爲佳，並指出第一沸如魚目，微有聲，第二沸爲緣邊如湧泉連珠，第三沸則爲騰波鼓浪，三沸以上水就老了，不可食用，這點在蘇廙的〈十六湯品〉中亦有類似的說法——蘇廙〈十六湯品〉將煮水分成十六等，其中第一爲一湯，第二爲嬰湯，第三則稱爲百壽湯；在這三湯之中，陸羽認爲煮茶需用二沸之湯，其於文中有言：

　　　初沸，則水合量調之以鹽味，謂棄其啜餘。無乃䤫䤈而鍾其一味呼？

〔註44〕于觀亭，《中國茶經》，北京，外文出版社，2009年。

　　第二沸，出水一瓢，以竹筴環激湯心，則量末當中心而下。有頃，

　　勢若奔濤濺末，所出水止之，而育其華也。〔註45〕

　　由此段敘述可以得知，唐人認為煮茶之水以二沸為佳，一沸微滾時，就添加鹽份對水進行調味。古人飲茶，初時並不單純只是為了解渴，因茶葉本身具有的治療效用之關係，除了少數地區外，多數地方最初於茶的飲用發展階段是將之當成藥材或食材來使用，後雖發展成飲品，但由當作食材而在茶飲中加鹽的習慣，直至唐代依舊存在，現今也仍保留在邊疆少數民族的生活習慣裡。

　　在煮泡茶飲時，除了茶葉的良劣、茶具的材質會影響到茶湯味道之好壞外，水的品質與煮法亦會對茶液有所影響。如上所述，唐人對煮茶用水的要求頗高，非清冽之山泉水、離人煙遠之江水、常被人汲取之井水不用，同時，對煮水時所用的器具、薪火等也有要求。

　　蘇廙在〈十六湯品〉中的序文有言：「湯者，茶之司命。若名茶而濫湯，則與凡末同調矣。〔註46〕」從這句話便可以得知，唐人對於飲茶的要求，最基本乃是好茶配好水，而這個要求古今皆然，誠然水品方面的排名會受到某些影響而出現變化，但不可否認的，歷代所讚頌的水基本大同小異，這點可從各篇論述水品的文章中看出。

　　如前所述，水的煮法與煮水用具、用火，皆會影響到水的品質，進而影響到所泡之茶的茶味，因此，不論是哪一時期的茶人，對於煮水用具、用火亦相當注重，蘇廙〈十六湯品〉中有言：

　　煎以老嫩言者凡三品，注以緩急言者凡三品，以器類標者共五品，

　　以薪火論者共五品。〔註47〕

由上述內容可以得知，煮水器具與用火對水的影響有多重要。此外，在有關注水方面，蘇廙於其文中亦有提到，在將茶末研沖成茶時，水的注入力道、速度需一致，不得有緩急之情況發生，同時也不可在茶以沖調好後再行注水，如此對茶色的呈現不好，對人的健康也不好。另外，茶於盛裝在茶盞中時，須注意容量不能超過茶盞的六分，且於注茶時不得速度過快，以免造成茶末的積沉。

〔註45〕〔唐〕陸羽著，宋一明譯注，《茶經譯注（外三種）》，〈五之煮〉，頁34。
〔註46〕〔唐〕蘇廙，〈十六湯品〉，收錄於《中國古代茶葉全書》，頁33。
〔註47〕同上註。

在煮水用具方面，以金、銀、石、陶為佳，其中金銀二器因非尋常人家所能負擔使用得起，而以石製成的煮茶用具，因所用石材不得太差的關係，是以也不是很多人使用，多數飲茶人所使用的，乃是陶瓷製的煮水用具，蘇廙在文中有提到，最不能用來煮水泡茶的，是銅鐵鉛錫等金屬，以及土瓦製成器具，前者用於煮水泡茶，會使茶湯腥苦有澀味，更甚者將使人口出惡氣，而用土瓦製成的器具煮水，則會使水透出土氣，導致茶味敗壞。

煮水用具會影響到水質，進而影響到茶味，煮水用火也一樣，因火有火氣，火氣會隨著空氣而薰染致周遭物品上，因此，以不同的柴火煮水，所出的水味也會有所不同。因煮茶用水忌被煙（特別是濃煙）薰之關係，蘇廙於其文中言明，「惟沃茶之湯非炭不可」、「湯最惡煙」，由此可見，因炭在燃燒時不易產生煙味，所以是最好的煮水用火，但同時，燒過的炭灰、餘燼因火力不夠的關係，無法將水煮熟，因而不得用於煮茶用水上，另外，像是草食動物的糞、竹枝樹梢等，亦不可用於煮水泡茶，以免損耗茶味。

小　結

唐人飲茶，雖不若宋朝繁複，亦不如明清以降簡明，但不可否認的，此時其所發展出來的飲茶文化，對後面各朝的影響不一，可以說是整個中國飲茶文化的基礎，特別是在用具器型、水品選擇與煮水方式等方面，對後朝的影響可謂深遠，因此，在研究飲茶文化時，唐代飲茶文化的發展脈絡是不容忽視的。

徵引書目

一、史　料

1. 〔唐〕王敷，〈茶酒論〉，收錄於阮浩耕、沈冬梅、于良子點校注釋，《中國古代茶葉全書》，杭州，浙江攝影出版社，1999 年。
2. 〔唐〕張又新，〈煎茶水記〉，收錄於阮浩耕、沈冬梅、于良子點校注釋，《中國古代茶葉全書》，杭州，浙江攝影出版社，1999 年。
3. 〔唐〕陸羽等著，宋一明譯著《茶經譯著（外三種）》，上海，上海古籍出版社，2009 年。
4. 〔唐〕溫庭筠，〈採茶錄〉，收錄於阮浩耕、沈冬梅、于良子點校注釋，《中國古代茶葉全書》，杭州，浙江攝影出版社，1999 年。
5. 〔唐〕裴汶，〈茶述〉，收錄於阮浩耕、沈冬梅、于良子點校注釋，《中國

古代茶葉全書》，杭州，浙江攝影出版社，1999 年。

6. 〔唐〕蘇廙，〈十六湯品〉，收錄於阮浩耕、沈冬梅、于良子點校注釋，《中國古代茶葉全書》，杭州，浙江攝影出版社，1999 年。

二、專 著

1. 于觀亭，《中國茶經》，北京，外文出版社，2009 年。

2. 王仁湘、楊煥新合著，《飲茶史話》，北京，社會科學文獻出版社，2012年。

3. 朱自振、沈漢著，《中國茶酒文化史》，台北，文津出版社，1995 年。

4. 姚國坤、王存禮、程啟坤等著，《中國茶文化》，台北，洪葉文化，1994年。

5. 陳宗懋主編，《中國茶經》，上海，上海文化出版社，1992 年。

6. 陳琿、呂國利合著，《中華茶文化尋蹤》，北京，中國城市出版社，2000年。

三、相關研究文章

1. 方秀珍，〈從茶具文物談到唐宋時期的茶文化風俗〉，《江漢考古》1998年第 4 期，（江西南昌：江西省社會科學院，2007 年），頁 78～79、84。

2. 方健，〈唐宋茶產地和產量考〉，《中國經濟史研究》1993 年第 2 期，（北京：中國社會科學院經濟研究所，1993 年），頁 71～85。

3. 毛祖法，〈唐代的浙江茶業〉，《農業考古》1995 年第 2 期，（江西南昌：江西省社會科學院，1995 年），頁 250～251。

4. 王河、眞理，〈唐代茶書述略〉，《江西圖書館學刊》1999 年第 3 期，（江西南昌：江西省圖書館學會、江西省圖書館，1999 年），頁 59～61。

5. 王倉西、田生華，〈法門寺塔地宮出土茶具與《茶經・四之器》對比研究〉，《農業考古》1995 年第 2 期，（江西南昌：江西省社會科學院，1995 年），頁 168～171。

6. 王廣智，〈唐代貢茶〉，《農業考古》1995 年第 2 期，（江西南昌：江西省社會科學院，1995 年），頁 252～256。

7. 安西強，〈從法門寺地宮出土茶具反窺唐朝茶文化〉，《黑河學院學報》2010年第 4 期，（黑龍江黑河：黑河學院，2010 年），頁 100～103。

8. 朱乃良，〈唐代茶文化與陸羽《茶經》〉，《農業考古》1995 年第 2 期，（江西南昌：江西省社會科學院，1995 年），頁 58～62。

9. 朱璟，〈唐宋飲茶風尚與陶瓷茶具〉，《東方博物》2005 年第 3 期，（浙江杭州：浙江省博物館，2005 年），頁 83～86。

10. 何哲群，〈唐代茶文化的形成與興盛〉，《遼寧行政學院學報》2008 年第 3

　　期，（遼寧瀋陽：遼寧行政學院，2008 年），頁 169～170。

11. 呂維新，〈陝西法門寺唐代宮廷茶具綜述〉，《中國茶葉加工》1994 年第 3
　　期，（浙江杭州：中華全國供銷合作總社、杭州茶葉研究院、全國茶葉加
　　工科技情報中心，1994 年），頁 44～46。

12. 李靜，〈唐代茶文化與陶瓷茶器〉，《商業文化（上半月）》2012 年第 1 期，
　　（北京：中國商業文化研究會，2012 年），頁 195。

13. 姜霞，〈唐代陶瓷茶器文化探究〉，《藝術教育》2011 年第 5 期，（北京：
　　中國文化傳媒集團，2011 年），頁 125～126。

14. 胡長春，〈中國文人與茶文化〉，《農業考古》2006 年第 2 期，（江西南昌：
　　江西省社會科學院，2006 年），頁 26～30。

15. 康煜，〈談唐宋時期的碾茶具〉，《文物春秋》1994 年第 3 期，（河北石家
　　莊：河北省文物局，1994 年），頁 52～54。

16. 張威、王林，〈唐宋貢茶之比較研究〉，《黑龍江史志》2010 年第 17 期，
　　（黑龍江哈爾濱：黑龍江省地方志辦公室、黑龍江省地方志學會、當代
　　黑龍江研究所，2010 年），頁 9、17。

17. 張高舉、王竟香，〈從法門寺唐代地宮出土的一套茶具看唐代茶與茶文化
　　的發展和繁榮〉，《農業考古》1995 年第 2 期，（江西南昌：江西省社會
　　科學院，1995 年），頁 157～167。

18. 張旖，〈從唐宋瓷茶碗的演變看茶文化的發展〉，《藝術市場》2007 年第
　　12 期，（北京：文化部，2007 年），頁 76～77。

19. 郭孔秀，〈唐宋煮茶水品〉，《農業考古》1998 年第 4 期，（江西南昌：江
　　西省社會科學院，1998 年），頁 120～121。

20. 郭泮溪，〈唐代飲茶習俗與中國茶文化之始〉，《龍語文物藝術》1990 年
　　第 4 期，（香港九龍：龍出版有限公司，2007 年），頁 112～124。

21. 陳武英，〈唐宋茶道初探〉，《寧波高等專科學校學報》第 12 卷第 1 期，（浙
　　江寧波：寧波工程學院，2000 年），頁 48～49。

22. 陶冶，〈唐宋的飲茶文化與茶具〉，《東方收藏》2015 年第 2 期，（福建石
　　獅：福建日報報業集團，2015 年），頁 30～33。

23. 陸鈞，〈從唐代文化看茶文化的形成與發展〉，《農業考古》1995 年第 2
　　期，（江西南昌：江西省社會科學院，1995 年），頁 40～42。

24. 程啓坤、姚國坤，〈論唐代茶區與名茶〉，《農業考古》1995 年第 2 期，（江
　　西南昌：江西省社會科學院，1995 年），頁 235～244。

25. 童啓慶，〈唐宋時期浙江茶文化的發展〉，《農業考古》1997 年第 4 期，（江
　　西南昌：江西省社會科學院，1997 年），頁 26～32、37。

26. 趙克堯，〈論唐代的茶文化〉，《江蘇社會科學》1990 年第 5 期，（江蘇南
　　京：江蘇省哲學社會科學界聯合會，1990 年），頁 53～56、65。

27. 樊敬鐸，〈唐宋時代的餅茶〉，《農業考古》1995 年第 4 期，（江西南昌：江西省社會科學院，1995 年），頁 184～186。

28. 鄭立盛，〈茶沫與唐代茶文化〉，《農業考古》1995 年第 2 期，（江西南昌：江西省社會科學院，1995 年），頁 48～49。

29. 韓生，〈法門寺地宮唐代宮廷茶具〉，《收藏家》2002 年第 1 期，（北京：北京文物局，2002 年），頁 2～7。

30. 韓金科，〈法門寺唐代茶具與中國茶文化〉，《農業考古》1995 年第 2 期，（江西南昌：江西省社會科學院，1995 年），頁 149～151。

31. 鵬鵬，〈唐宋茶道〉，《中華文化畫報》2006 年第 4 期，（北京：中國藝術研究院，2006 年），頁 32～39。

32. 闕能才，〈唐宋時期的研茶與碾茶〉，《農業考古》2013 年第 2 期，（江西南昌：江西省社會科學院，2013 年），頁 92～95。

四、相關研究論文

1. 余玥貞，《唐宋時期的茶知識與飲茶文化——一個生活史的研究》，台灣大學歷史研究所碩論（2007）。

五、工具書

1. 中國歷史大辭典編纂委員會，《中國歷史大辭典》，上海，上海辭書出版社，2001 年第五次印刷版。

2. 王鎮恆、王廣智主編，《中國名茶志》，北京，中國農業出版社，2008 年。

3. 陳宗懋主編，《中國茶葉大辭典》，北京，中國輕工業出版社，2000 年。

4. 虞云國主編，《宋代文化史大辭典》，上海，漢語大詞典出版社，2006 年。